宗教と科学の対話

―宇宙の摂理への想い

その四

高野山大学 編

はじめに　―宗教の不可侵の聖域―

「高野山大学フジキン小川修平記念講座」は世界的なバルブメーカーである㈱フジキンの小川修平氏のご遺志を引き継がれた小川洋史現特別顧問からの多大なご寄付を受けて始められたものであり、「宗教と科学の対話」を主題として講演会を開催し、その記録集を刊行してきたが、今回は第四集にあたる。

そもそも、科学は宗教の領域を浸食することで発展してきたわけであり、今や、科学万能の時代を迎え、宗教にとって、守るべき領域はあまり残されていないようにも見える。しかし、科学は常に自らが観察できる土俵を予め設定して、その中だけで、正否を判断しようとする。土俵の外で起きている事は、偶然であり、妄想であり、非科学的として無視される。しかし、科学の発展は、此れ等、偶然、妄想、非科学的の領域に足を踏み入れることによって成し遂げられてきたのではなかったか。

我々日本人は東北での大地震と津波を体験し、現地からは、津波のために非業の死を遂げられた人々からの悲痛なメッセージが多く届けられた。此れ等のメッセージに虚心坦懐に接する時、果たして、科学は来世や霊魂の存在を否定できるであろうか。眼を世界に転ずるならば、此れ等死者からのメッセージは、しばしば、夢の中に託される。又、神や仏と言った超越的存在からの働きかけの受け皿となっているのも夢である。夢は決して個人の深層心理の表出だけではないし、ユング流の普遍的無意識だけで説明できるものでもない。

翻って、密教の立場から言えば、宗祖弘法大師は若き日に生命を危険に晒して山野を遍歴され、崇高な宗教的体験にたどり着かれた。ならば、弟子達にも同じようにすれば悟りを得ることができると説けば良いものであるが、そうは為されなかった。弟子達のために定められた修行法は苦行ではなく「イメージ」の重視であった。イメージが現実を作るのである。

今まで、科学が自らの土俵から排除してきた、来世、霊魂、夢、イメージは人間の全体性に関わることである。「人間とは何か」を考える上で避けては通れない領域であり、ここに視線を向け、切り込むことが科学の次の発展に繋がると思う。そこは、宗教の不可侵の神聖領土であり、まだまだ、宗教は科学に負けないと思うが如何であろう。

今回の出版及び講演にご支援を賜ったフジキンの皆様に篤く御礼申し上げます。

令和四年七月吉日

高野山大学学長　添田　隆昭

目次

第一四回講演会（令和元年一一月一六日）

第一五回講演会（動画配信）

第一二回講演会―平成三〇年一〇月一五日

講演Ⅰ

豊かな社会とは?

中鉢　良治・国立研究開発法人産業技術総合研究所理事長（当時）

【略歴】

一九四七年　宮城県生まれ

一九七七年　東北大学大学院工学研究科博士課程修了

同年ソニー入社

一九九九年　執行役員

二〇〇四年　執行役副社長

二〇〇五年　取締役・代表執行役社長

二〇〇九年　取締役・代表執行役副会長

二〇一三年　国立研究開発法人産業技術総合研究所理事長

総合科学技術会議有識者議員、東日本大震災復興構想会議委員、日本経済団体連合会（経団連）評議員会副議長・産業技術委員会共同委員長等を歴任

【著書等】

『迷いの先に―仕事と人生の羅針盤―』日経BP社　二〇一七年

はじめに

皆さん、こんにちは。産業技術総合研究所の中鉢でございます。まずもってフジキン創業八八周年を迎えられおめでとうございます。末広がりの「八八」という記念すべき講演会にお招きいただき大変光栄でございます。

今日のテーマは「宇宙の摂理への想い～科学と宗教の視点から～」ということでございますけれども、宇宙ができて一三八億年、地球はその三分の一、四六億年ということになっています。私は科学者というよりは技術者で、民間企業のメーカーで長年多くの材料の開発を専門にして参りました。科学者としても中途半端で、もちろん宗教者としては全くの素人でございます。

今日お集まりの皆さんは科学者としても、宗教やあるいは科学、そして科学と宗教との関わりについて長年お考えになっておられる、私からみれば専門家でいらっしゃるわけでございます。その専門家の前でお話しするのは大変僭越でございますし、とても気恥ずかしいものです。場違いなところもあるかもしれませんけれども、時間が許す限り、今、私が考えていることをお話ししてみたいと思います。そののち、おそらくこの未熟者がと、お叱りを受けるかもしれませんが、ご容赦いただきたいと思います。

さて、仏教学者の鈴木大拙さんは禅に関する研究書を、美術家の岡倉天心さんは茶の湯の本を英語で書かれています。私は、なぜ英語で書くのかということを考えたことがあって、何かに書いたことがあります。海外に赴任していて、日系二世の方とお話しをすることがありました。その方は日本語も英語も話せるのですけれども、なぜか私と話すときは英語を使われたのですね。私が生粋の日本人ですから、どうも私が日本語の専門家に見えたのではないか、それでその日系二世の方は日本語をしゃべったり、あるいは日本観を話したりするのが恥ずかしいということがあったのではないかと思うのです。これは私の個人的見解なのですが、両大先生には大変失礼ながら、多少の恥ずかしさがあった、それで英語で出版されたのかなと。それが証拠に、鈴木大拙さんは、自分が死んだあとは、この本を和訳するんじゃないぞ、英語のままにしておけと言われたそうです。

鈴木大拙さんの話題なのですけれども、金沢に鈴木大拙館がございます。私も何回か行っておりますが、そこの名誉館長である岡村美穂子さんは、鈴木大拙さんの秘書だった方なのですね。この岡村さんが、生前の鈴木大拙さんの思い出についていろいろ語っておられます。ラジオやテレビでその話をお聞きになった方もおられるかと思いますけれども、私はそのなかで、臨済宗の大本山である鎌倉の円覚寺での対話の一説が非常に印象深く残っております。

この円覚寺で、朝早く窓から外を見ながら鈴木先生が髭を剃っておられたのですけれども、岡村さんが先生に近づいて、「先生はなぜ教行信証の英訳という大事業を引き受けられたのですか」と、そして「本願とは何ですか」ということを聞いたわけです。先生は、「本願か」と、一言こう言われ、ちょっと考えるような感じでおられた。そして、どうもすぐに返事がもらえる様子でもなかったので、岡村さんは自分の部屋に戻ったのですね。

そうしたら、その二～三分後、さあ、美穂子さん、と言って先生が呼びに来たというのです。それで急いで行ってみると、ちょうど円覚寺の山の上から太陽、朝日が昇ってきた。「ほら、美穂子さん、本願が上がってきたぞ」と。それですぐ英語で、「Here you have〝Hongan〟!」と言われたというのです。岡村さんは長年にわたって鈴木先生に仕えていたのですけれども、先生は、この朝日が私たちを動かしているのと一緒だということを重ねておっしゃっていたというのですね。このことはどうもよくわからなかったということを今でも言われています。

今日は、その太陽について少し話してみたいと思っております。

「色即是空、空即是色」

ここに「色即是空、空即是色」とあります。非常に有名なフレーズなのですが、これをクラーク数と関連づけてみます。クラーク数は地表付近に存在する元素の割合を重量パーセント濃度で表したものです。酸素が一番多くて、その次はケイ素です。それからアルミニウム、鉄というふうになっています。これが地表の大きな構成要素になっています。地上にある土から焼物やいろいろなものが作られたのですね。

それで、元素という空《くう》であったものが、いわゆる実体としての色《しき》、ソリッドなものをつくった。空というものは形をなさない、というふうに言ってもいいのかもしれません。ないというよりも、ないというものがある。英語で言うと、I have nothing.「nothing を持っているじゃないか」という理屈と同じですけれども、それを空と言いましょうと。空が色をつくり、この色が崩れて土にかえると、実体のあったものがまた空に戻っていく。それで、色即是空、空即是色と言っているわけですね。

私が仙台の大学に入ったとき、関係する研究所に神吉先生という方がいて、この先生が非常に妙なことをおっしゃいまして、空即是色と全く同じフレーズのことを講義で話されました。色というのはimpurity、つまり汚れ、不純物だと言います。色は不純物で、空というのはperfectなのだとおっしゃる。ある有用な材料をつくろうとすると、例えばアルミニウムだけでは必要とする材料にならないのですが、アルミニウムに窒素などを入れると、すごく重要な電子材料になっていく。その場合にアルミニウムに窒素を入れるというのは、窒素自体がimpurityです。材料科学の世界では、これを不純物と言わずにadditives、つまり添加物と言うのですね。余計なものになると不純物、有用になると添加物、そして我々はこれを使っているということなのです。

Impurity is perfect. perfectなものはimpurityである……。当時の我々、学生は、「impurityというのは酒もタバコもやるというようなもの、つまりピュアな人間は役に立たんということか」などと言ってですね（笑）、酒を飲みながら話をしたことを今もって覚えております。

植物はCO_2（二酸化炭素）を吸ってO_2（酸素）を出す。ここで太陽が登場です。水と炭酸ガスと太陽から何ができるかというと、酸素を出すだけではないですね。炭素と水素と酸素の化合物をつくります。これが穀物です。私たちは米やトウモロコシを食べて、糖分からATP（アデノシン三リン酸）を作り、エネルギーを発生させたり、筋肉を作ったりしているわけです。

もちろん我々の体は、先ほど申し上げましたクラーク数にある元素からできていて、酸素六一％、炭素二三％、水素一〇％などから構成されています。こういうふうにあらゆる物質は地球上にあるものでないとできてこないのです。

そういう意味では、今、フジキンさんの部品を使った小惑星探査機「はやぶさ2」が、小惑星リュウグウに着陸しようとしている。そのリュウグウの組成は一体どうなっているのか。先ほどのクラーク数と同じならば、地球と同じということになります。

我々のこの色としての形ある人間の体。この体が死ねば、土として帰るということになります。そのときはもちろん形になっていません。今日では火葬をしますので、骨が残るのみです。骨はリン酸カルシウムですから、リンとカルシウム、リン灰石になり、これが、また肥料となって戻っていくわけですね。

肥料について少しお話ししますと、江戸時代には農家にとって何が一番重要だったかというと肥料なのですね。もちろん江戸時代は化学肥料というものはありません。何があるかというと下肥《しもごえ》なのです。江戸のころの農家の人は下肥が一番ほしい。それで下肥を買うためにお金を払うのですね。今はどうでしょうか。下肥を処理するのにお金を払わないと引き取ってもらえません。昔は、これは売り物になって、下肥を乗せた船が川を伝って農家に運んでいった。その船着き場は今も残っているのですね。それで下肥の卸問屋が極めて儲かったというふうに言われています。

名医とロボット

仏教の言葉に「色・受・想・行・識」、すなわち五蘊《ごうん》――仏教が教える人間の構成要素の基本――がございます。この色というのは、先ほども言いました目に映ってくる形あるものですね。においもあるでしょう。五感で示されるものはすべて色ですね。それを「受」、受ける、キャッチするわけです。そして、「想」、イメージです。こういう感覚を受けますと、必ず自動制御的に行動を起こす、あるいは、考えて行動に起こす。そうすると何かしらの結果が出てくるわけですね。そして、結果が学習になる。「色・受・想・行」でいろいろやったことが、体験として残ったもののトータルの知識が「識」です。こういうことを私が言うと、違うとおっしゃる方がいらっしゃると思いますけれども、それは冒頭申し上げたようにご容赦ください。

もう少し説明しますと、まずは色を感知するセンシング、例えば温度を感知して認識・判断をする。だから暑いと、家に入ろうとか、帽子を被ろうとか、暑いなということを認識して行動に変えていく。科学技術でいうと、感知するのはセンサであり、認知・判断するところがAI、つまり人工知能であり、行動するというのはアクチュエータということになるわけです。

つまりですね、AIにセンサを付けて、アクチュエータを付ければ、最低限のロボットができるのです。これに基づいてつくった産業技術総合研究所のロボットがHRP-2です。まず目にはイメージセンサ、耳はマイクロフォンアレイなど、手や足は圧力センサ、それから頭脳のところはMPU、アクチュエータとしてはモータ……そうするとロボットになるわけです。

産総研に問い合わせてくる企業さんは、「何をやりたいですか」と尋ねると、どんな企業さんでも、「AIとロボット、IoT、航空宇宙、バイオ」と言われます。AIやロボットは大変なブームになっております。

そんな中で、さて皆さん、もし手術を要する病気にかかったとすると、ロボットに頼みますか、名医に頼みますか？　手を挙げて答えていただけませんか？　二択です。まず、ロボットに頼むという方、手を挙げてください……。次に名医に頼むという方……。大体はロボットと名医は半々ぐらいなのですけれども、今日はロボットに頼むという方は一〇％もいかなかった。今日は、そういう会なのでしょうね（笑）。政府でもロボットは重要だと言っているのですが、何が足りないのかということもちょっと考えていきたいと思います。

産業の世界を計測が可能か不能か、計測した結果をどう使うかに分けて考えてみます。計測可能とは、先ほどのセンサで物理的にキャッチできるかどうかです。計測が可能であることを前提としている分野に「ものづくり」があります。「測れないものはつくれない」ものづくりでは計測が大変に重要です。例えば、流れていくものを正しく測る、川の水、流れゆく雲の量、これを正しく測るというのは結構難しいですね。ガスの量であるとか、流れるものについては計測が難しい。いずれにしても、そういうことを制御して近代の産業があるということです。

一方、計測不能と言われる分野に、匠の世界があります。匠の世界では、計測不能だとは言っているけれども、体験的な計測はしているのですね。これはエクスパートの世界で、いずれにしてもこれはものづくりです。

「ものづくり」でない世界でも、計測可能と不能があります。計測不能でも仕事をしている、例えば販売、営業などもそうかもしれませんけれども、私の経験では、彼らはKKD、つまり経験（K）と勘（K）と度胸（D）でやっていることが多い（笑）。およそ計測をしているとは思えない世界です。そこではなんとKKDでは足りなくて、もうひとつ、KKKDというのがあるのですね。最後のKは神頼みという感じです（笑）。

計測は可能だがものづくりではない世界に、防災とか、医療とか、介護などがあります。医療については、先ほどロボットは嫌だという方が圧倒的に多くいらっしゃいましたね。介護はどうでしょうか。これは、両論があります。人にやってもらったほうが、温もりがあっていいという方もいますし、あの温もりが嫌だという人もいるのですね。いずれにしても、ロボットが人間と同じようなことをやっても、どうも納得感がないのだなと。

つまり医学というのはたぶん、このあと島薗先生のお話にもあるかもしれませんが、単なるサイエンスではない。これは何かヒューマニティーがあるのですね。だから今日のようなロボット技術が発展しても、ここにいらっしゃる多くの皆さんが名医にお世話になりたいという考えになるというのがあります。

太陽がもたらす恩恵

いよいよ太陽の話に入っていきたいと思います。この会場のドアはいま全部閉められています。今日はこの会場に八〇〇名ぐらい来ておられるとお聞きしておりますけれども、ドアが閉められたままになっていますと、何日か後には全員がお亡くなりになります。水を飲んだり、弁当を買ったりすることが許されないとしますと、全員亡くなります。このことを、この空間は閉鎖系であると言うのです。

閉鎖系では、生命を維持するという規則性が失われて、どんどんでたらめになっていくのです。科学の世界では、このでたらめの度合いのことをエントロピーと言います。熱力学第二法則に依れば、閉鎖系ではエントロピーが増大する、つまりでたらめになっていき、人は亡くなるというのです。

では、こうして人間が地球上に存在できるのはなぜか。実は地球は閉鎖系ではないのですね。閉鎖系ではないので、私たちは生きることができる。その唯一の条件は何か。この会場のドアを破って弁当を運ぶ役、地球の孤立を防いでいるのは太陽の光です。太陽の光だけは実質的に無限で、あとは有限なのです。

この太陽の恩恵というのはさっき言ったように、水と炭酸ガスと太陽の光から光合成で糖をつくることです。このほかに、ビニールハウスのように、地球を覆っているのがGHG、Green House Gas（温室効果ガス）です。このGHGによって地球の温度は保たれていて、平均気温は一五℃なのですね。このGHGというビニールハウスのビニールの役をしているものが炭酸ガス、メタンなどですけれども、GHGがなくなりますとマイナス一八℃くらいになるとされています。つまり、炭酸ガスやメタンなどがあることによってマイナス一八℃から一五℃まで三三℃上昇しているわけです。

これが産業革命前の気温ですので、今、SDGs（持続可能な開発目標）などでも言われているものは、産業革命前のこの気温に戻そうという動きになっているわけです。

「産業革命」と「成長の限界」

次に「科学技術と社会」に触れておきたいと思います。これも個人的見解で、専門の方にはお叱りを受けるかもしれませんけれども、二五〇年前にイギリスで起きた産業革命のビジネスモデルのコアは圧倒的な技術の差、イノベーションですね。それに地下資源と資本の三つの組み合わせで産業をつくった。

その産業をつくる根源であったサイエンスというのは、貴族の遊び、趣味だった。そのサイエンスが初めて技術として使われたのがこの産業革命です。皆さまご存知のように、蒸気機関が発明され、機械産業が発展することになっていくわけです。これはコンバインの写真ですが、産業革命はすなわち動力革命でもあったわけです。

皆さんがお生まれになった頃はどうでしょうか。日本の農業というのは、人とか、牛とか、馬が動力源だったのではないでしょうか。トラクターというのは、もちろん戦前にもありましたが、大いに普及したのは戦後です。

産業革命で内燃機関を使ったトラクターができた。これで重労働だった農民は解放されたわけですね。ところが、このトラクターは疲れない、夜でも疲れたと言わない。トラクターの餌は、先ほどの穀物ではなくて石油です。ところが、欠点は下肥を出さないことですね。下肥を出さない上に、土を固めてしまうのです。それで肥料を撒かなければいけない。

肥料は、これまた話すと長くなるのですが、さきほど空気中には窒素がたくさんあると言いました。ハーバーというドイツの科学者は、この空気中の窒素と水素からアンモニアを合成しました。このアンモニアは、農薬になりますが火薬にもなります。ここがポイントで、ドイツは空気中の窒素を固定できるようになったことがきっかけで、第一次世界大戦に踏み切ったというふうに言われています。

日本は、ドイツがアンモニアを合成し、硫安をつくったということを聞きつけて、一九一〇年代に臨時窒素研究所を急遽設立します。その臨時窒素研究所では、ドイツのハーバー・ボッシュ法を超える効率的な合成技術を開発しました。それを昭和肥料、現在の昭和電工にライセンスします。こういうもの

■豊かな社会とは？

をどんどんやらないと、かつての家畜中心では農業は維持できないということが起きていきます。ちなみに、臨時窒素研究所というのは、のちに東京工業試験所、化学技術研究所となり、そののち産業技術総合研究所となります。

産業革命がどんどん進められ、農業が大規模化していくといろいろな弊害が出てきます。例えば、マラリア撲滅の殺虫剤とか、蚊や昆虫を殺すためのDDT。この会場にも、小学校で髪が真っ白になるぐらいDDTを散布された経験がおありの方もいらっしゃると思います。私もございます。これが大量に撒かれることになると、蚊を殺すぐらいならまだいいのですけれども、小鳥などにも害を及ぼして、本当は小鳥が鳴くべき春に小鳥が鳴かない。レイチェル・カーソンという科学者は、鳥の鳴き声もしない春の到来を嘆いている本『沈黙の春』（『Silent Spring』）を書いております。

事程左様に、いろんな産業で陰の部分が出てまいりました。日本でも、一九六〇年代から七〇年代にかけて、四大公害病と言われるもの、すなわちカドミウム鉱山のある神通川のイタイイタイ病、水俣湾の水俣病、阿賀野川の新潟水俣病（第二水俣病）、四日市ぜん息を始め、いろんな公害病が大きな社会問題になりました。

産業革命が起きて経済は成長したのだけれども、どうもその成長には限界があるのではないかということで、民間のシンクタンクであるローマクラブが『成長の限界』（一九七二年）という報告書を出版しました。この書籍の出会いについてお話しすると、私はその当時、まだ学生でしたが、指導教官に仲人をしていただき、結婚していました。ある日、その仲人から「君は子どもを何人ほしいかね」と聞かれたので、自分は三人兄弟なものですから、三人ですと言ったら、君はエゴイストだと言って怒られました。いくら先生でもそこまで言われることではない、と反発を感じたのですけれども、これは私の推測なのですが、そのとき先生は『成長の限界』を読んでいたのではないかと思うのです。というのはその本の見開きのところには、こういうことが書いてあるのです。

「現在、人々は五人の息子を持つことは多すぎないと考えている。
そして息子もまた五人の息子を持つ。
かくて祖父が死ぬ前にすでに二五人の跡継ぎがいる。
それゆえ、人々はますます増え、富はますます少なくなる。
彼らは一生懸命に働き、ほんのわずかしか得るところがない。」

（韓非子　紀元前二五〇年）

『成長の限界』では、特に人口や食糧などの限界について書かれています。産業革命の技術は、公害のようなリスク社会の到来を招いてしまいました。今に至ると資源は枯渇しはじめ、資本は貧富の格差を拡大してしまうということで、産業革命というビジネスモデルが、このまま続かないのではないかということは皆さんご承知の通りでございます。

『成長の限界』が出版されたあと、一九九二年に『限界を超えて』（ダイヤモンド社）という本が出されました。たどり着くところは新たな産業革命が必要だということですが、私の考えでは、これは新しい文明を開発する、創らなければいけないということではないかなと思います。

「持続可能な社会の実現」へ向けてやるべきこと

それでは、「持続可能な社会」を実現するためにはどうすればいいかということで話を終わりたいと思います。一九七二年のローマクラブの提言『成長の限界』を受けて、日本政府は国連に特別委員会の設置を提案し、一九八七年、ブルントラント委員会が設置されます。そしてこの延長線上で、国連は二〇〇〇年にミレニアム開発目標（MDGs）を策定します。そこでは、二〇一五年までに八つの目標を達成しようということが掲げられましたけれども、言い過ぎかもしれませんが、ほとんど進展しませんでした。そして、やり直しをすべく、国連は二〇一五年に持続可能な開発目標（SDGs）を採択して、一七の目標を設定しています。

私たち産総研は、この「持続可能な社会」の構築を目指して「技術を社会へ」を標榜し、ほぼ全ての産業をカバーする研究開発にあたっている研究所でございます。

個人的見解なのですが、この「成長の限界」から「持続可能な社会の実現」へ向けて、やることは三つあると思っています。これは異論があるかもしれませんけれども、一つは、「低炭素技術」であるということ。それから「資源は循環すべき」であるということ。さらに「自然とは共生すべき」であるという、この三つの条件を満たすべきであろうというふうに私は思います。

そして、そのキーになるのは、「成長の限界」以前の世界に戻れということかというと、そうではございません。「成長の限界」以前の社会に学ぶことが必要なのではないかと思います。例えば、今、エネルギーには、原子力や石炭火力がありますが、この写真、これは産総研の福島再生可能エネルギー研究所の研究設備なのですけれども、太陽の光で電気をつくろうというものがあります。

これは海外の状況で、上に並べた写真は左右どちらもオランダの風車です。左側は産業革命以前の風車です。産業革命以前の風車は何をやっていたのかというと、得られた動力で水を汲み上げたり、粉を挽いたりしていました。一方、右側の風車は、得られた動力で発電しています。どちらも原理は同じ。風で何かしようということは、自然の摂理と言いますか、何ら変わりないのです。

左下は温泉水からホウ酸を作っていた工場の風景です。当初は、森で伐採した木材を燃料にしていたのですが、木材が枯渇して、それが維持できなくなったために、今度は地下の熱を使って温泉水を蒸留しようというふうなことをやっていたのですね。右下の写真は、この地域の現在の様子で、同じ地熱でも今は発電に使っているというものです。

では、四六億年の地球の歴史の中で、このたった二〇〇年余りの間のできごとは、一体何だったのかということです。風が吹き、風車が回っているということに、何も変わりはありません。それは悟りの前でも後でも何も変わらず人は水を運んでいるという、この十牛図に描かれた世界と同じではないかと、私は考えてしまいます。

「ココロ」「モノ」そして「コト」

最後になりますが、今、「モノづくり」から「コトづくり」だと言われています。しかし、私の考えとしては、ひとつは「ココロの軸」というのがある。それからもうひとつ「モノの軸」というのがある。これらがばらばらに分かれているときは何も起きない。これが重なりあうと「コト」というものが起こるであろうと。この「コト」はココロに寄り添っていかなければいけない、ココロの琴線に触れるものでないといけないのではないかと思うわけです。

こういうことになぜ気が付いたかというと、生物学者の南方熊楠さんが描かれたものの中に、「ココロ」と「モノ」と「コト」、この三つの関係を示した図があります。元の図には、ここにあるような余計な言葉は書かれていません。英語でモノのことをGoodsと言います。一方、いいことをGoodと言います。仏教の教えで、いいことはやれ、悪いことはするなというふうにありますけれども、このGoodに結び付いていくことなのではないか。そのGoodも、自分のGoodではなくて、自分と共通のGood、つまりコモングッド――これは一橋大学の野中郁次郎先生もおっしゃっていますけれども――共通善に従うべきだと、私はそういうふうに思っています。

先ほど小川CEOのお話の中で、近江商人のお話がありました。「自分よし」「顧客よし」「世間よし」。これは「世間よし」が最終的な共通善ですね。「自分よし」というのは、一番右側のGoodsになるかもしれません。やはり、最後は「世間よし」なのです。しかし、あえて言うならば、「自分よし」「顧客よし」「世間よし」ではなく、第一に考えるべきは「自分よし」ではなく、「世間よし」から発想すべきではないかと。「世間よし」で、「顧客よし」。そして「自分よし」はいちばん最後にあるべきではないかなということを最近考えている次第でございます。

■豊かな社会とは？

これで私のお話は終わりますが、高野山大学とフジキンさんが出されている講演会のテーマは、私にとって大変重要なテーマでございます。今後、このテーマについての考えを深めていきたいと思います。

今日は有り難うございました。

講演Ⅱ

現代科学技術の生命操作と宗教的な『いのち』観

島薗　進・上智大学グリーフケア研究所客員所員・大正大学客員教授・東京大学名誉教授

【略歴】

一九四八年　東京都生まれ
一九七七年　東京大学大学院博士課程単位取得退学
筑波大学哲学思想学系研究員
一九八一年　東京外国語大学外国語学部日本語学科助手、専任講師、助教授
一九八七年　東京大学文学部宗教学・宗教史学科助教授
一九九四年　東京大学文学部宗教学・宗教史学科教授
一九九五年　東京大学大学院人文社会系研究科教授
二〇一三年　東京大学名誉教授、上智大学グリーフケア研究所所長
二〇一六年　上智大学大学院実践宗教学研究科教授、同委員長
二〇二二年　上智大学グリーフケア研究所客員所員

【著書等】

『〈癒す知〉の系譜―科学と宗教のはざま』吉川弘文館　二〇〇三年、『国家神道と日本人』岩波書店　二〇一〇年、『日本仏教の社会倫理』岩波書店　二〇一三年、『宗教を物語でほどく』NHK出版　二〇一六年ほか

はじめに

私の父は医師です。父の父も医師です。父の父の父も医師です。それから母の父も医師です。妻の父も医師で、妻の弟も医師なのですね。それで私も医師になっていいかなと思っておりました。理系にいくか、文系にいくかということは、高校のときに迷うわけなのですけれども、私も迷ったのですね。

理系にいくのなら人間に近いのがいいと思っていました。私はものづくりが苦手ということで、大学に入りまして医学の授業を受けました。医学と言っても、初歩的な科学の授業が多いわけで、ほとんど人間が出てこないのですね。とくに嫌いだったのは、カエルの解剖で、もう本当に嫌気がさしてきまして、親に黙って文系に進路を変えて宗教学を専攻することにしました。親は医学系にいくことをものすごく喜んでおりましたから、文系に変わったことを知ったとき、うちの母は、医者こそ人間、偉い人間だと思っていたものですから、とても嘆きまして、何カ月も話をしてくれなかったということがありました。

今日の講演会で掲げておられる題というのは、本当に素晴らしいと思います。こういう経営の理念を持った会社があるということは本当に頼もしいと思いますし、高野山大学がこうした素晴らしい企業と連携しておられることは、大学のあり方としても非常に好ましい、良いことだと思っております。私が二〇歳ぐらいのときに感じたことは、医学というのは人間を扱うもの、人間に向かうことなのでしょうと。生物学で人間をもののように研究して大丈夫なのかということです。それで、私自身、どういう生き方をしていいかわからなかったというようなことがあって、宗教学に進んだのです。

うちの親父は精神医学を研究していたのですけれども、息子が宗教学をやっていることに、かなりの間、嫌な顔をしていました。しかし、一九八〇年代になって、脳死の問題がクローズアップされ、「脳死は人の死か」ということに関する委員会に父が出席するようになったときに、「この問題は科学では解決できない。お前の選んだ道は、間違いではなかったのではないか」とようやく言ってくれたということがございます。二〇年前に死んだ父ですけれども、そういうことをちょっと思い出しました。

科学技術の制御という人類的課題

私は宗教学をやりながら、科学の問題、主に生命倫理に関わるようになり、一九九七年、橋本総理大臣のときにクローン羊ができました。羊でクローンができるのなら、人間もクローンをつくれるということになりまして、世界中の首脳が、「いや、それはいかんぞ」という声を上げました。人間のクローンをつくることはいけないけれども、卵のレベルでならつくってもいいのではないかと。それを研究すれば、いろんなことができるという議論になり、そのときの政府がつくった生命倫理委員会のメンバーとなって議論をするようになりました。

クローンというのは、人のからだの一部を卵の状態に戻してしまうわけですね。その卵の中の細胞を利用するといろんなものができる。これがES細胞、胚性幹細胞です。それと同じ力を持ったものがiPS細胞ですね。iPS細胞をつくったのが山中伸弥先生で、この辺りから、科学がいのちの始まりを解明して、どんどんいのちをつくることができるようになった。

最近、ゲノム編集が開発され、遺伝子の組み換えができるようになりました。遺伝子の組み換えは非常にややこしくて、簡単にはできない。成功率が低いという状況が二〇年ぐらい前からありました。ところが、二〇一二年にCRISPR-Cas9《クリスパー・キャス》という遺伝子改変技術が開発され、ゲノム配列の任意の場所を削除、置換、挿入することができるようになりました。もうすぐノーベル賞だろうといわれています（二〇二〇年に二名の研究者がノーベル科学賞受賞）。これで遺伝子の入れ替えが非常に簡単にできるようになったのです。二〇一六年には、これに関係する本が次々出ております。ある書籍の帯には、山中先生が、この技術は素晴らしい、しかし道を誤るととんでもないことになるぞ、ということを、警告を含めて書いておられます。

iPS細胞の研究とゲノム編集とはいわば相性がよく、iPS細胞を使ってゲノム編集の研究をやると、新しい治療法や薬を開発することができます。これまで治らないと思われていた病気を治すことができるということは、人間の改造もできてしまうということになりますね。

すでに動物や植物については、そういうことが行われております。ガイドRNAがCas9を狙ったところに届ける。そうするとCas9が遺伝子をちょきんと切ってしまう。例えば、筋肉の発達を抑える遺伝子であるミオスタチンを外してやると、筋肉がもりもりと発達してくる。したがって、そういうゲノム編集を魚のタイに行うと、ムチムチしたというか、ぽっちゃりしたタイが生まれるのですね。

こうしたことをどんどん進めていこうという側は、これで人類の食糧問題解決の目途がついた、ということになるわけです。しかし、本当にこれで大丈夫だろうかということが問題になり、不安になるわけですね。色が黒くならないマッシュルームなど、いろんなものができるというニュースが、毎日、報道されるようになった。これをヒトについても行うと、デザイナーベビー（受精卵の段階で遺伝子操作を行うことによって、親が望む外見や体力・知力等を持たせた子どもの総称）ということになるわけです。

つまり、受精卵の段階でゲノム編集をやれば、例えば、乳がんになりそうな人は、その人の乳がんに関係がある因子を外してやる。まあ、そういうことができるかどうかは別として、そうなるとはじめから乳がんの心配をしなくていいということも可能になるわけですね。

そうした研究が今どんどん進んでおりまして、筋肉隆々の人をつくることができるのですね。すでにやっているのではないかというような話があります。筋肉増強剤は、オリンピックでは使ってはいけないことになっていますし、検査で見つかります。しかし、ゲノム編集みたいなことをやるとわからないのですね。もうすでに行われているという可能性も否定できないという時代になっております。

中鉢先生がお話になった環境科学は、持続可能ということを言いまして、ある平衡状態を保つことが重要だった。生態系などを大きく壊してしまうと大変なことが起こる。地球温暖化も、すでにそういうことが起こっているわけです。しかし、生命科学の場合、病気を治せるということは絶対に正しいというわけなのです。それをどんどん進めていく、その結果、何が起こるかということはあまり研究されていないのですね。これには大きな問題があります。

こうしたことについて、フランスの科学哲学者であるデュピュイは、現代の科学はこれまで人間が生きてきた条件を根本的に変えてしまう傾向があるとしています、何が起こるかというのはよくわからない。シンギュラリティとかいって、人間の知能を超えたAIが人間を支配する時代がくるのではないかとか、いろんなことが予想されます。人間の労働が奪われてしまうのではないか、あるいはAIが無人の兵器で人を殺すというときに、そこに道徳的な歯止めが利くのだろうかということも大きな問題になっています。これまで予想できないような、もしかしたらとんでもないことが起こるかもしれない、人間のあり方を変えてしまうかもしれないということが懸念されています。破局が起こる、破局が起こって初めてわかる。

原爆をつくった人は、最初は喜んだのですが、アインシュタインは原爆投下に自分が貢献したことは大変な誤りだったのではないかと思ったのです。原子力発電も核燃料サイクルというようなものができるのではないかという見通しのもとにプルトニウムをつくっているのです。これは大丈夫なことなのかと思っていたら、想定外の福島原発事故が起こったのです。こうした破局が起こって、初めてその科学技術の限界が見えてくる。そういう時代になってきているということになります。

いのちの始まりの生命倫理

そうしたことから、私は「いのちの始まりの生命倫理」という視点から考え直さなければならないというところにきていると思うわけですが、信号モードがどうもそうなっていないのですね。山中先生のiPS細胞というのは大変な発明で、素晴らしいことなのですけれども、それをどんどん進めていくと、どうなるのかということを考えているのかということです。

ところが、新聞はとにかく競争に負けてはいけないという報道をします。アメリカはES細胞とiPS

細胞の研究を競争しながらやります。日本はiPS細胞に力を入れます。ES細胞というのは、受精卵を壊してつくるものなので、キリスト教の世界では人工妊娠中絶と同じように、すでに存在する人間を壊してES細胞をつくるということは、倫理的に問題だという意識があるわけです。ですからiPS細胞ならその問題がないということがあるのですけれども、ではiPS細胞ならば、どんどん研究を進めていってもいいのかという問題があるわけです。

つまり、ES細胞について、キリスト教圏では倫理的な躊躇が働く。ブッシュ大統領はそれでES細胞の研究をしばらく止めようとしたわけですね。クリントン大統領になって自由になりましたけれども、ノーベル賞級の科学者たちがブッシュ大統領と衝突するなんていう事態が生じたわけです。

そのとき、ブッシュ・ジュニア大統領のつくった生命倫理評議会に加わっていたフランシス・フクヤマという非常に優秀な政治哲学者が――彼は日系人ですが、西洋の政治哲学の伝統の影響を非常に強く受け継いでいる人なのですね――アジアはそのうち西洋を超えてしまうぞと、こういう警告をしています。つまり、西洋人は神につくられた人間、神の似姿としての人間、受精の瞬間からそこに人間がいるという考えがキリスト教にはあるわけです。人間の肉体ができたときにはそこに魂がある。その人間の魂というのは神の似姿であって、ほかの動物の生命とは全く違うと。そして、人間の魂だけが永遠のいのちを得ることができるという、これがキリスト教の教義なのですね。ですので、その受精卵を壊すということは非常に躊躇される。それは殺人と同じであると。

しかし、アジアにはそうした考えはないでしょうと。そうするとアジア人は受精卵やES細胞などを使って科学を推し進め、どんどん新しいことを始めてしまう、そういう危険があるということです。

■現代科学技術の生命操作と宗教的な『いのち』観

昔は、西洋でも中絶はあったのですけれども、近代でいうと、アジアは寛容で、日本では団塊の世代がたくさん生まれた時期に優生保護法ができまして、経済的条件が問題であれば中絶できるということになりました。これは世界でも早いのですね。そういうことで、フクヤマは、やがて生命科学はアジアに抜かれるぞと。だから、国際協定が必要なのではないかということをこのとき匂わせておりました。

西洋の教義的な前提である創世記には、このように書かれています。

「神はそれぞれの地の獣、家畜、土を這うものを造られた。神はこれを見て、良しとされた。神は言われた。

『我々にかたどり、我々に似せて、人を造ろう。そして海の魚、空の鳥、家畜、地の獣、地を這うものすべてを支配させよう。』

神は御自分にかたどって人を創造された。そして、産めよ、増えよ、地に満ちて地を従わせよ。」

このように、創世記には人間こそが神の似姿だということ、そして産めよ、増えよというのは、人間がどんどん増えることが素晴らしいということですね。そのことは、中絶はいけないということなのです。

これについて多くの日本人は、中絶をわりと自由にできるということについて引け目を感じていると思います。確かにお腹のなかのいのちを絶対に殺してはいけないという考え方に馴染んでいない、しょうがないなと思ってしまうところがある。江戸時代の仏教でもかなり厳しく堕胎を禁止した宗派もあるのですけれども、どちらかと言うと、寛容ですね。ウィリアム・R・ラフルーアが著した堕胎についての書籍『水子』(青木書店、二〇〇六年)では、水子を「Liquid Life」と訳しておりますが、どういうことを言っているかというと、ひとつは西洋では中絶をすると、中絶をした女性が批判される、道徳に間違ったことをしたと言われる。中絶クリニックは攻撃されたりするのですね。

それに対して、日本では中絶をして心を痛めている女性のために、水子供養で女性の心の慰めをする。それはむしろ優れているのではなかろうかと。罪深い人間が、その罪深さを恥じながら、悔いながら、しかし許される。そういう考え方だというのです。

もうひとつは、仏教には多産主義というのはありません。つまり、子どもはたくさん生まれればいいという考え方ですね。実際、仏教で勧められるのは僧侶になるということであって、僧侶になれば結婚しない。今の日本では僧侶になって結婚する人がふつうですけれども。本来はそうではなかった。結婚しないというのはキリスト教の修道会にもあるのですが、あまり教義的な根拠がはっきりしていません。

それに対して仏教では、子どもを生まないことがポジティブです。つまり、子どもを生むということが人の争いをつくるという考えですね。ブッダ自身が、妻と子がいるのに出家をしました。家族が素晴らしいものであると同時に、家族を守るということになると、そこに戦う必要、集団を守る必要、テリトリーを確保するということが出てくる。そうしたことを煩悩と捉えて、子どもを生まない、職業生活もしないという生活を選ぶことが悟りへの道だと考えたのですね。

江戸時代の人口は二五〇〇万から三五〇〇万ぐらいで、それほど増えなかったことは、現代の環境意識から見ると、優れているのではないのかと。明治時代になると産めよ、産めよになりまして、堕胎が禁止されました。堕胎した女性は厳しく処罰されたりした。しかし、子どもが多い社会は戦争につながる傾向があります。

では、江戸時代の社会というのは、どういうふうに堕胎や間引きを許す考え方があったかということを民俗学者の千葉徳爾先生や波平恵美子先生がいろいろ調べております。……生まれる前に戻ってもらうんだと。仏事はしない。「七歳までは神の子」と言ったりして、まだ人間になっていないのだから、生まれ変わってもらう……。そういうふうな考え方があったりしました。

今、話したようなことは、私の著書『いのちを〝つくって〟もいいですか?』(NHK出版、二〇一六年)に書いております。中学生にもわかるようにということで書いた本です。このなかで議論していることなのですが、インドから中国、日本というのは、明らかに人口が多いですよね。日本が戦争をしたひとつの理由は、資源がない、土地も少ない、食糧も足りなくなるのではないかと。それで朝鮮、満洲に進出して、植民地化して、それでカバーしようと考えた。そうしなければ、西洋諸国に対抗できないというわけです。その際に人口をどんどん増やしたわけですよね。我々の習った戦後の社会科でいうと、日本は資源が少ないなかで何とか加工工業を進めながら貿易国として生き延びていくしかないというわけですね。そういうことで人口を増やし過ぎないという意識へとつながっていくわけですね。

中国の一人っ子政策も欧米からみるととんでもない政策だということなのですけれども、長い歴史があります。インドで仏教が生まれていますが、人口が多いインドで子どもが生まれ過ぎるということが問題だという意識が出てくることは非常に理解しやすいですよね。一方パレスチナはほとんど砂漠です。人間がなんとか自然を克服して、人間らしい場所を増やしていく。そういう考え方のなかでユダヤ教ができ、キリスト教ができていくのです。それとは非常に違うということですね。

ですので、波平先生が言っていますが、日本人にはいのちのプールみたいな考え方がある。今、我々はこの世に生まれているのだけれども、向こう側にいのちのプールがあって、そこから生まれ出てきて、死ぬとまたそこに帰るから、このいのちのプールを絶やさないことが大事だと。これは個よりも集団を重んじているのですが、同時に、環境を重んじる考え方にも通じています。環境倫理というのは、つながりを重視するのですね。生命倫理、医学の倫理は個を重視するのです。そういうことから言うと、日本人はつながりを重んじる。これは仏教で言うと縁ということになりますけれども、つながりというのは仏教の根本理念になるわけですが、そういう考え方で倫理問題も考えていく傾向があるということです。

波平先生は文化人類学者なのですが、海外に出ていくよりも、日本のあちこちの地域で、おじいちゃん、おばあちゃんに話を聞いています。昔は病人が出たらどうするのだろう、医者に連れて行くのは大変なことだというような話を山の中で聞いています。

その波平先生が一九八〇年代に大分県のある田舎でこういう話があったと書いています。訪ねた家の六〇代半ばのおじさんにインタビューをして、有り難うございましたと言って、お別れをした。そのときにその人は、これから自分の家の前の「マエヤマ」に行くのだと。何をしに行くのですかと言うと、桜の木を植えに行くのだと。それは、自分が楽しませてもらったのは先祖が植えた桜で、子孫にもちゃんと楽しんでもらう。そういうことなのですね。全然不思議ではない。すごく当たり前ですよね。目に見えない未来に対してつながりの感覚を持っていて、そして責任もあるわけです。こんなふうな感じ、これもひとつのいのちの尊さの感覚です。西洋人が赤ん坊、受精卵、まだ形が見えない、超音波に辛うじて映るか、映らないだろう子どもを一人前の人間なのだという倫理と、こういうつながりの中に生きている人間の倫理、どちらも重要なのではないかと思うのですけれども、そこら辺のバランスを考えていく必要があるのかなということになります。

従来は、受精の瞬間から人の生命がありますというのが、カトリック教会をはじめとするキリスト教の主張です。一方、科学者は、そうは言ってもまだ意識も何もない。意識ができる段階で初めて人ですと。これが西洋の理論なのですけれども、なんか我々から見ると、しっくりこない。別に意識があるかないかというのはそんなに重要なことでもないというふうに思うわけですね。

そういうなかで、むしろ、始まりの段階の生命を利用したらどういうことが起きるかというほうが問題だと。これはデザイナーベビーというような話にもつながります。また一九世紀の終わりぐらいに西洋で始まった、子孫を改良していこうという優生学は、結婚する相手を選んで、いい子孫を残そう、それは人類の進化に通じるのだ、ということです。それがナチスに伝わって、障害のある人には結婚させないとか、子どもを産ませない。最近でも日本で問題になっています。

精神障害者に子どもを産ませないというようなことは、ナチスのあとも、スウェーデンのような国でも行っていました。日本では、ハンセン病の人に子どもを産ませないということをしていたのですね。こうした人間も種の改良、国民の改良をしようという考え方が二〇世紀の前半まであったのですが、戦後は、それはいけないということになりました。しかし、ここへきて、新しい優生学として国家がそういうことを進めるのは良くないけれども、一人ひとりの人間が、自分の子どもをもっと頭のいい子にとか、もっと身体能力のある子、もっと病気をしない子にとか、一人ひとりが選んでいって、人類を品種改良していく、これならいいんじゃないのとか、こういう議論になっているわけですね。

エンハンスメント（増進的介入）はなぜ危ういのか？

こういうことについて、非常に残念ながら日本ではちゃんと考えていないのですね。アメリカはどんどん進めていく国なのですが、やはりこれでいいのかということを真剣に考えようとする姿勢が一応はある国です。二〇〇二年だったかに大統領生命倫理評議会というのができまして、そこで問題にしたのは、エンハンスメントということです。これは増進的介入と訳したりしますが、医療は病気の人を治してあげることが仕事ですが、それ以上のことができます。医療によって、普通以上のもの、生まれたもの以上のものを得たい。美容整形というのはまさにそうですし、抗精神薬も使い方によっては病気を治すよりも、試験のときに元気が出るように飲むとか、そういう使い方もできる。こういうのをエンハンスメントと言います。

そのエンハンスメントということをしてもいいのかということが今、問われているのですね。その問題について、大統領の生命倫理評議会が『治療を超えて』（二〇〇三年）という本を出した。結局そのゲノム編集というようなことをやって懸念されるのは、品種の改良になる。病気を治す以上のことを人類がし始める。もっと強い人間、もっと頭のいい人間、もっと幸せになれる人間、そういうことをやったときに何が起こるかですね。こういうことが話題になっています。

『治療を超えて』が取り上げる点を少しみていきます。

社会のなかにエンハンスメントをやる人がたくさん出たらどうなるかということです。すでにたくさんあるのですね。子どもの産み分け、それから子どもにいろんな障害という名を付けて、集中力が足りないのはADHD（注意欠陥・多動性障害）だと言って、覚醒剤系のリタリンという薬を飲むわけですけれども。こういうのは本当に治療なのかということですね。

次にスポーツでは、すでに筋肉増強のためにゲノム編集が使われた可能性があります。

それから、長寿の研究も一生懸命やっています。しかし平均年齢、死亡年齢が一三〇歳の社会というのは人類が望む社会でしょうか。個々人は望むでしょうけれども、そういう社会を望むかどうかは個々人が決めることではないし、医療が決めることでもないのです。しかし、だれも考えていない。そして、一生懸命、そこに資源を投入しているということです。

ここが一番強調されているのですが、トラウマで苦しんでいる人がいたら、抗精神剤で嫌な記憶を消してあげるという治療ができる。あるいは、気分障害、なかなか朝起きても元気が出ないというようなときに、SSRI（選択的セロトニン再取り込み阻害薬）というような抗うつ剤、セロトニンが減らないようにする薬を使う。これは、鬱の人にとっては確かに福音なのですけれども、これを普通の人も使うことができるわけですね。さらに脳の中にいろんなチップを埋め込んで、脳の機能を増強するというようなこともできるようになり、こういうふうなことがどんどん進んでいいのかという話です。

それについて有力な答えを出したのは、皆さんご存じかもしれませんが、ハーバード白熱教室のマイケル・サンデルという人です。彼はユダヤ人で、ユダヤ教のシナゴーグ（ユダヤ教の会堂）に通う人です。

大統領生命倫理評議会の委員長だったレオン・カスは、スポーツ選手が体を薬や遺伝子改良などで改造するというのはなぜ良くないのかということについて、「そういうことをしたら、個々人の主体性が傷つけられてしまうじゃないか、自分でやったことにならないじゃないのか。せっかく金メダルをとっても、薬や医療技術のおかげでとれたとなると、それはその人のことにならないから、人間の個人としての自尊心が傷つくんだ」と、こう言ったのですね。

それに対して、サンデルは、「いやいや、そうではない。こういうふうに人間をどんどん改良し、完全なものになろうとすることは、プロメテウス（ギリシア神話に登場する男神）から始まっている。これに今、人間は取りつかれる可能性がある。あるいは、もうすでにそうなっている。どんどん優秀になりたい、人より強くなりたい……これこそが問題なんだ」というふうに言っています。そこで何が失われているかというと、いのちは恵みであるということ、いのち、日本語で言うと、授かりものとしてのいのち。いのちというのは授かりものでしょうと。これを人間が思うようにつくるというのはどういうことなのと。こういうことを言っています。これはサンデルによると、宗教にとっては非常に自然な考え方だけれども、これを、宗教を信じていない人にもわかってもらう必要があると、そういうふうに彼は言っております。非常に説得力のある議論ですね。

個のいのち、つながるいのち

仏教の哲学的な教説というのは素晴らしい深いものがあります。ですが、一人ひとりの人間がどう生きているか、仏教の教えが一人ひとりの人間、普通の人間の生活のなかでどう生きているのかという、こういう観点も必要ではないでしょうか。

例えば、深沢七郎という作家がいました。この人は一九一四年生まれなのですが、兵隊には行きませんでした。学校にもあまり行っていません。片目が見えない、もう一方の目も一時危うくなった、そのほかにも病気がある。それでギター弾きになったという人ですね。そして戦後に小説を書きまして、いちばん有名なのは、『楢山節考』（新潮文庫、一九六四年）という、これは姥捨て伝承をもとにした小説です。この小説を読んだ日本中の文士たちが、こんな小説があるのかと驚いたというものです。

その後、彼は『風流夢譚』という、皇室をちょっと揶揄するような小説を書いたために、出版社の社長の家が襲われて、メイドさんが殺されるという事件があり、姿をくらまして農業をやっていた。その農業をやっていたところがラブミー農場です。これはプレスリーの歌「ラブミーテンダー」に因んで付けたようです。そして晩年には、今川焼き屋になりました。この深沢七郎の『楢山節考』の映画をご覧になった方、あるいは小説をお読みになった方はどれぐらいいらっしゃいますでしょうか……。はい。二〜三割でしょうかね。

この小説のある村では七〇歳になると楢山に行ってそこに捨てられて死んでいく。いわば姥捨てですね。おりんばあさんは、その覚悟は十分できているのだけれども、息子の辰平の嫁が死んでしまい、息子や孫のことが心配なのです。しかし、幸いというか向こうの村に一人、後家ができた。ああ、よかった、その後家に嫁に来てもらおうと。後家が来たら、もうこれで安心して死ねるということで、自分の歯を石臼で折ります。歯が元気だということは恥ずかしいことなのですね。つまり長生きできるということは恥ずかしいことなのです。そして嫁にいろんな秘め事、秘密を教えて、いよいよ山に登ります。

そのときに彼女は、おれが山に登るときは必ず雪が降るぞと言っていました。どういうことかと言うと、雪が降ってから行ったのでは遅いのですね。山に登って、そこに置き捨てられてから雪が降るのがいいという言い伝えになっているのです。それで、辰平はおりんばあさんと楢山に登っていきまして、おりんばあさんを置き去りにします。その間、山に入ったら口をきいたらいけない。おりんばあさんは家を出たときから何も言わなかった。そして降ろす。そうすると、帰れ、帰れと言う。

そして、一度、山を下り始めたら、決して振り向いてはいけないという掟がある。ところが辰平が山を下りていくと、そこに雪が降る。ちらちらと白いものがきた。辰平は嬉しくて、嬉しくてしょうがなくて、猛然ととって返して、おりんに雪が降ってきたぞと言い、うなずくおりんにまた帰れと促されて帰る。そういう話ですね。実は、このおりんばあさんのモデルは深沢七郎の自分のお母さんです。お母さんが亡くなる前に深沢七郎はお母さんを背負って、庭をまわって、いろんなものを見てもらった。そのときに、もういいよ、もういいよと言って、帰れ、帰れと言われたと。そのお母さんの気持ち、そういういのちの覚悟の仕方、子どもや孫のことを思い、そして自分自身が死んでいくことについては何の未練もない。こういうふうな生き方に、実はこれは僕にとってのイエス・キリストだというふうに思ったという、そういうようなお話でございます。

『楢山節考』は、いつのことの話かはわかりません。飛脚なんかが出てくるので、とにかくかなり昔らしいですね。しかし、戦争中に、そういう人生を我々は通ってきたのではないかというふうに思います。戦争で特攻隊の人は、全体のために自分のいのちを投げ出していいと考えた、それを肯定することはできないですけれども、しかし個のいのちを尊ぶと同時に、つながりのなかにあるいのちを尊び、それによっていざというときには、限りないいのちということ、従うという、こういうふうな倫理というものを示しているわけですね。

どこかでこの深沢七郎の考え方は仏教以前の縄文時代的なものに続いているかもしれません。仏教のものも入っているし、日本人には、なんだかわかるという世界ですね。こういうものを言葉にして世界に発信していかないといけないですね。それがこれからの課題になるのではないだろうかというふうに思います。

どうも長く話してしまいまして、お疲れのところご清聴いただき有り難うございました。

第一三回講演会—平成三〇年一一月一九日

講演Ⅰ

循環器医療のFuturability

澤　芳樹・大阪大学大学院医学系研究科未来医療学寄附講座特任教授
大阪警察病院院長

【略歴】

一九五五年　大阪府生まれ
一九八〇年　大阪大学医学部第一外科入局
一九八九～一九九二年　ドイツＭａｘ-Ｐｌａｎｃｋ研究所心臓生理学部門、心臓外科部門に留学
二〇〇六年　大阪大学大学院医学系研究科心臓血管外科主任教授、大阪大学医学部附属病院未来医療センター長、大阪大学臨床医工学融合研究教育センター長
二〇一五～二〇一七年　大阪大学医学系研究科研究科長、医学部長などを歴任
日本胸部外科学会理事長、（一社）日本経カテーテル心臓弁治療学会（ＪＴＶＴ）代表理事、日本低侵襲心臓手術学会（Ｊ-ＭＩＣＳ）代表理事、国際臨床医学会（ＩＣＭ）代表理事などを歴任

【受賞歴】

文部科学大臣科学技術賞（二〇〇九年）、厚生労働大臣賞（二〇一六年）、紫綬褒章（二〇二〇年）　ほか

はじめに

皆さま、こんにちは。ただいまご紹介にあずかりました大阪大学心臓血管外科の澤でございます。本日は株式会社フジキンと高野山大学の共同研究講座のもと、このような講演会を開かれたこと誠におめでとうございます。特にフジキンさまは創業八八周年ということで誠におめでとうございます。

今、松長有慶前管長の大変素晴らしいお話をお聞きして、非常に深い感銘を受けました。その後を受け、私の話は俗っぽくなってしまうかもしれませんが、少し現実のほうに頭を戻していただけたらと思います。

素晴らしい技術を持ったフジキンさまとは、三年ほど前から包括契約の中で、新しい展開の中に再生医療が組み込めるかどうかというお話をいただいていました。そのご縁で本日こうした機会を与えていただいたかと思います。

それからもうひとつ、たまたまのご縁でございますが、私の先祖が和歌山県の高野山のふもとの橋本でございまして、もう何百年と続いております。うちも真言宗で、家族、親族が亡くなると、高野山に納骨に行ってお参りしております。

私が生まれたのは大阪市内なのですけれども、喘息があり体が弱かったことから、橋本の隣の駅の紀伊清水という高野山のふもとで五年間ほど育ちました。高野山には何度も行っていますし、大変深いご縁を感じております。そういう意味からも、本日、フジキンさまと高野山大学、この連携の中でお話しさせていただけることを大変光栄に思っている次第でございます。

今、皆様に動画で見ていただいているのが、私たちが開発してきたiPS細胞を使った心筋シートでございます。ヒトの細胞を心筋細胞に変えて、このように拍動を始めるというのは、極めて神秘的です。これが人に届くということでは、今日のこの講演をさせていただくにあたって大変嬉しく思っている次第でございます。このダイナミックな動きを見ていただいて、新しい医学、そして人を助ける医療を感じていただけたらと思います。

一方で、本日の講演会のテーマであります「宇宙の摂理への想い」、特に「科学と宗教の視点から」という観点から見ても、これは自然の摂理がなせる業の結集を科学的に引き出したというか、作り上げたものだというふうに思っていただいたらと思います。

私の講演タイトルの「Futurability」は、ちょっとわかりにくいかと思いますが、これは英語でFuture、未来ですね。それからAbilityというのは可能性で、「未来の可能性」という意味の和製英語でありまして、私どもの大阪大学附属病院でキャッチコピーとして作った言葉です。英語の辞書には載っていないのですが、FutureとAbilityを足すと、「Futurability = 未来の可能性」ということで、先ほどの動画でこの言葉の意味を感じていただきたいと思います。

さて、一日に一〇万回、拍動しております心臓は、九〇年、一〇〇年と打ち続けるという極めて神秘的な臓器です。それは単なるポンプなのですけれども、血液を送り出すポンプが電気的なメカニズムで動く、このような摂理をだれがどうやって作ったのかというところは、本当に今日の主題の「宇宙の摂理への想い」というところに思いが馳せるのではないかというふうに思います。

　このような神秘的であり、単純であって、かつ、人の命に最も関係の深い臓器に私は重要性を感じて、天職として心臓血管外科を選んだ次第でございます。本日は、ちょっと心臓のお話を続けさせていただきながら、最後に再生医療のお話をさせていただきたいと思います。

心臓手術の変遷

　心臓はダイナミックに動いていて、血液を一分間に五リットル、一〇リットルと送り出します。それを一日一〇万回打ち出していて、皆さんの体が維持されているのです。こうした臓器ですから手術をするという段階に到達するまでは大変難しく、最後にようやく成り立った外科手術の領域であります。いちばん最初の心臓手術は心外傷によるものです。その当時、心臓手術は圧迫止血、押さえ込んで治すんだということをおっしゃったのが、岡山の榊原先生です。一方、いやいや、やはり縫わないといけないということで縫合止血を提唱したのが私ども大阪大学の第一外科の大先輩、初代の教授であられる小沢先生でした。

　この論争がきっかけとなって、心臓手術、心臓血管外科というものがスタートしたと伝えられています。この論争は一九三六年、三七年ですから、ついこの間というわけではないのですが、わずか七〇～八〇年ぐらい前のことであるということであります。

　先ほども申しましたように、血液を送り出す心臓が、体のど真ん中にいろんな骨格に守られて位置しているわけですが、これに到達するのは非常に困難だということで、いろんな取組みが行われました。

その取組みの中で、新しいものとして一九五四年に行われたのが、低体温による心臓手術です。人間の体は低体温にすればするほど代謝が下がって、心臓が止まります。その心臓が止まった瞬間に手術を行う、それも数分間で手術をするという、非常に極めて高い技術のもとに手術をして、それでまたその胸を閉じて温めると、中には心臓が動き出す方がいらっしゃる。これが心臓手術の成功例と言われていました。それほど難しい状況でありました。これを一挙に克服したのが、私ども大阪大学の大先輩であられる、もう亡くなられましたが曲直部寿夫先生です。

曲直部先生は、最初、人工心肺という機械を発明して、それを付けることで、心臓を止めたり、心臓手術をできるようにされました。これが一九五六年です。そうしてこの日以来、心臓手術がどんどん発展してきたということで、これがまさしく心臓手術の夜明けというふうに言われています。以来、心臓手術は同じやり方で六万件、七万件に達するまで発展したということであります。

私は二〇〇六年から、伝統と歴史がある心臓手術の先駆者たる私どもの教室を担当させていただくにあたって、これからどうやって教室を発展させようか、もしくは、先ほど松長前管長がおっしゃった「大きな欲というのは、個人的ではなくもっと世の中のために」ということの通り、私たちも教室のためではなくて、人類のために何とか心臓手術を発展させようと思っております。

今日も実はここに来る前に心臓手術を一件やってきました。心臓手術は心臓を止めて安全に手術ができるようになっているとはいえ、心臓血管外科のこれからの方向性を考えると、もっと低侵襲に手術ができるようにということで、心臓を止めない、もしくは傷をできるだけ小さくするような低侵襲手術や、重症心不全の手術を手掛けるべきということを行ってまいりました。

手術を要する心臓の病気

今日の講演会には、いろんな方がいらっしゃると思います。この中には、おそらく心臓を患われている方もいらっしゃるかもしれません。人口の四分の一から五分の一は心疾患になられる。ですから、今日は五〇〇人以上いらっしゃるので一〇〇人以上の方が心臓の病気を抱えていらっしゃるかもしれません。そのような病気で、特に手術をしないといけない病気というのが五つあります。それについて今からお話しすることをお聞きいただいて、Futurability を感じていただけたらと思います。

そのひとつが心臓弁膜症です。それから、心臓にある冠動脈という血管が詰まると心筋梗塞になったりする、これが冠動脈疾患。それから大動脈瘤といって、大動脈の血管に瘤ができ、症状がないまま突然破裂して亡くなられる病気があります。それから不整脈。いろんな不整脈があるのですが、心臓が止まってしまうような不整脈もあります。それらの最終的な病態が心不全ということです。

心臓の病気になるといろんな症状が出てきます。もちろん専門医に診ていただくことがいちばん大事なのですが、まず心臓の血管の病気についてお話をさせていただきますと、心臓には主要な血管が三本あります。その一本は左の冠動脈で、それが二本に分かれて一本が前下行枝、もう一本が回旋枝。もう一本が右冠動脈、この三本が心臓を養います。

面白いものでというか、興味深いのが、心臓というのは血液が溜まっていますから、なぜそんなところに血管があるのということです。爬虫類までは心臓の内側からの血液が心臓を養っています。それが鳥類、哺乳類になると、心臓のまわりから、このような血管が血液を流して心臓を養っているのです。我々、医者はいろんなことを感じるのですが、勉強すればするほど、そして治療させていただけばいただくほど、本当にヒトの体ほどよくできたものはない、これは宇宙の摂理かというふうに考えます。

そのような大事な心臓を養う血管が詰まってしまいますと、胸が痛くなり、狭心症や心筋梗塞という病気になりますので、カテーテル検査を行い、最近ではステントを使用した治療などが行われています。

さらに次の段階にいくと心臓手術になります。最近は進化しまして、手術後に早く回復してもらうために、心臓手術をする縫う部分だけは止まって、心臓が動いたまま手術をします。これによって極めて低侵襲な手術ができるようになりました。これは大変大きな進化でありまして、たくさんの方がこれによって助かり、日常生活でご活躍されています。

次に、大血管に瘤のようなふくらみができる大動脈瘤という病気があります。この瘤は症状がほとんどありませんが、CTとかで撮るとわかります。その瘤は、五センチ以上になると破裂する率が極めて高くなってきます。これをどうするかというと、人工血管に置き換える手術があるのですが、かなりリスクが高いというのが今までの状況でございました。

それを克服しようということで、私たちは手術と透視装置を使ったカテーテル治療の両方をドッキングしたハイブリッド手術という治療法を確立いたしました。世界では非常に有名になってきている治療法ですが、大阪大学はこの領域では世界の三本の指に入ります。従来は人工血管で縫っていたところを、部分的にバイパスを繋ぎながら、ステントグラフトという人工血管の中に入っているバネで圧着して動脈瘤を治します。これがさらに完全にカテーテルでできるというような時代になってきていて、リスクが小さく、死亡率も圧倒的に良くなっているというのが現状です。

大動脈弁狭窄症に対する新たな治療法

次に三つ目は心臓弁膜症です。心臓には四つの部屋があり、どの部屋にも出口に弁が付いています。血液は一方通行に流れます。心臓の動きというのは単に収縮して拡張してという動きだけですが、血液を押し出すためにそのような弁が付いており、四つの弁のうち大動脈弁と僧帽弁が大切です。その弁の機能に異常が起きると狭窄や逆流という病気になることがあります。

大動脈弁狭窄症という病気は、高齢化社会の進展とともに非常に数が増えています。従来、心臓を止めて弁を入れる大動脈弁膜置換術という手術がスタンダードでありました。この治療法は、三〇日死亡率が一・六%、スタンダードな治療として世界的に認められた手術です。

ところが、非常に高齢で日常生活が難しくなったような方々、これを我々は英語でフレイルティと呼ぶのですが、これらの方々にどうするか、心臓を止めて手術していいのかということがあります。もちろん九五歳の方でも、できることはできるのですが、高齢の方の中でも、病弱というか体力のない方に対してはどうしたらいいかということで始まったのが、カテーテルによる大動脈弁狭窄症に対する治療法である TAVI（経カテーテル大動脈弁置換術）です。

これはフランス人の Cribier 先生が二〇〇二年に初めて行いました。どんな治療かというと、カテーテルで人工弁を患者さんの大動脈弁まで持っていって開くだけです。従来、心臓を止めてやっていた手術が、圧倒的に低侵襲に行えるようになっています。この進化は止められません。世界では、年間一〇万人の方がこの治療を受けていらっしゃいます。日本でも一〇年前から始まって、いちばん最初にこの手術をしたのは私でございまして、このカテーテル手術で九〇歳の人がお元気になられた瞬間から、日本でこの治療が始まり、今や年間七〇〇〇人のペースになっているということです。

ここまでくるとおわかりいただけるかと思いますが、医療は、体への侵襲ができるだけ小さいほうがいいのです。それから、もちろん精度が高い、より良い、楽な手術を受けたいわけです。いろんな技術がどんどん進化して、一〇年前になかった手術が、いまや従来の心臓を止めて弁を変える手術より、世界でも数が増えるぐらいの勢いになってきております。大阪大学では、この手術を日本でいちばんたくさん行っております。

進化する心臓手術

カテーテルと手術を一緒にするという時代になり、患者さんや世界がそうした治療法を求めるとしたら、どういう変化が起こってきているのでしょうか。従来、内科と外科というのは、サポートし合いながら補完的でもありましたが、ある意味ライバルでもあったわけですね。

例えば、冠動脈の治療は、カテーテルで治すか、手術で治すか。同じ患者さんを両方で取り合うというか、いろんな意味がございましたが、今、先ほどのような弁膜症の治療は内科だけでもできない、外科だけでもできないということで、いろんな医者が肩を組んでやろうという時代になっています。すなわち、TAVI、カテーテルのハイブリッド手術は、医者のシステムまで変えてしまうほど進化しているということであります。

そして、いろんな人工弁が出てきて、カテーテルを使った治療をということになっていくわけですが、一方で、我々、外科は、カテーテルだけでやるわけではありません。従来の外科手術においても、できるだけ内視鏡とか、小さい視野で傷を小さくして行う手術をどんどん進めています。特に最近は、ロボット手術、コンソールの中で術者がロボットの腕を遠隔操作で動かして行うといった時代になってきているということです。

こうした手術は革新的な進歩でありまして、この一〇年の間にいろんな手術が行われてきました。それをより精度と安全性を高くするという方向に進化した結果、ロボット手術もいよいよ本格的に行われ、保険診療で行えるようになったということでございます。

次に、カテーテルを使った低侵襲の手術はどんな影響を与えたかというと、大阪大学の手術の数をみると、私が教授になったときはまだ三〇〇件ぐらいしかなかったのですね。ところが、今や一〇〇〇件を超える手術になっている。三倍以上の数になっていますが、何より大事なのは、手術死亡率であります。

私たちは進化を求めて日本の中で一〇年先の医療を提供してきて、ようやくまわりの病院や大学が、我々がやっていることと同じようなことをやり出しました。ただ、私どもは先にやってきたぶんだけ実績も整ってきたがゆえに、かつて四%ぐらいだった手術死亡率が今やなんと〇・五%です。この死亡率は胃の手術とほとんど一緒です。心臓手術はリスクが高いと思われていた、私もそう思っていました。死亡事故率が四・三%の時代から、手術数は増えて、死亡率が減るという、そこまでの進化につながっているわけであります。

重症心不全に対する心臓移植

さて、重症心不全ということをもうひとつのテーマにしていると申しました。先ほども申しましたように、心臓自身がポンプです。ポンプが悪くなってきたら、ポンプが傷んできたらどうなるか。簡単におわかりいただけるかと思いますが、結局、血液がまわらないのですね。血液がまわらないといろんな臓器が傷んでくる、機能しなくなる。おしっこが出ないとか、体がむくんでくるとか、いろんなことが起こります。

では、心不全はどうして治療するのかということですが、いろんなお薬が進化しておりますので、まずは内科の先生方に治療していただければと思います。心不全も薬を調整することによって、元気になっていただけることがたくさんあります。

しかし、内科の先生が、やはりこれ以上ちょっと治療するのが無理だというときに、まわってくるのが私ども外科医のところであります。では、外科医は何ができるかというと、手術で治せたら、できるだけ治す。それでも治せなかったら、人工心臓を付ける、そして心臓移植というのが心不全の最終兵器であります。

世界の心臓移植の年次推移をみますと、四〇年ぐらい前からだんだん盛んになってまいりました。日本では、ご存じの方もいらっしゃると思いますが、和田移植というのが一九六八年にあって、以後、三一年間、心臓移植はできませんでした。その心臓移植を再開させたのは、私ども大阪大学心臓血管外科です。そのとき私は医局長で、前任の教授の時代に行ったわけでありますが、三一年間、止まっていた心臓移植は未だに世界から取り残された状況にあります。

それはなぜかと言うと、結局、臓器の提供が非常に難しいのです。これは本日の講演会のテーマである科学と宗教というところに非常に密接な関係があるお話かもしれません。人の死が何であるかということを科学的に考えないといけない我々の中で言いますと、多くの方は、人の死は心臓死と思われているのですが、実は人の死は脳死であります。なぜかと言いますと、心臓が止まったあと、人工心臓を置き換えて、心臓が機能していなくても、元気にされている方がたくさんいらっしゃいます。

一方、脳死として診断されたら、二週間ぐらいで全部の身体機能が止まってしまいます。心臓も呼吸も。そうなったときにはどうすることもできません。脳死の判定ということが極めて難しいのですが、そこをどう乗り越えて脳死として判定して、すべての機能が止まってしまうまでに、心臓が動いている間に臓器を提供していただいて、移植に使うのか。これはなかなかタフな問題であって、その課題を倫理という中で、宗教界の方々も非常にご尽力いただいて、人の死が本当に何であるかということを議論していただいたというふうに聞いております。

その努力があり一九九七年に臓器移植法ができたのですが、それでも日本の脳死手術は最初の一〇年間は一〇例に満たないものでした。本来、心臓移植が必要な人は日本では一〇〇〇人以上だと言われているのですが、わずか一〇人に満たない。それで、二〇一〇年にようやく法律が改正されたのですが、それでもまだ五〇人ぐらいなのです。本来、一〇〇〇人もいれば、三〇〇件とか五〇〇件ぐらいの心臓移植があっても、しかるべしなのですが、なかなか難しい。現在、心臓移植の待機期間は五年間で、五年間は人工心臓を付けてお待ちいただくということになっています。

その人工心臓は極めて進化していまして、私が入局した頃は、かなりプリミティブなものでした。日本でいちばん最初に承認されたXVEという人工心臓は一・二キロもあったのですが、現在、使われている最も小さな人工心臓は、ポテンシャルは一緒なのですが、九〇グラムです。人工心臓が小さくなったことにより、非常に高いQuality of Lifeを提供することができるようになりました。ほとんど心臓が動いていなくて、人工心臓で生きていらっしゃる方は多くいらっしゃって、心臓移植を待たれているのです。

そして、脳死になられた方で、志高く、ご家族の方から提供を申し出ていただき、心臓だけでもどなたかの体の中で生きてほしいとおっしゃる方々にご提供いただいて、心臓移植をいたします。私はおそらく日本でいちばんたくさん心臓移植を経験しています。一〇〇例以上の心臓移植を経験していますが、本当に常に頭の下がる思いとともに、人の死は何であるのか、人の死をどうやって大事にしていくかということを常々考えております。

最近、アメリカでは永久使用の人工心臓が使われ出しました。今までは心臓移植までの人工心臓だったのですが、今や永久使用となってきております。ここでまた難しい問題が発生します。どうしても人というのはゴールを目指します。人工心臓を付けて大変な生活をされても、やはり心臓移植を待って、たとえ三年でも、五年でも頑張りましょうということを我々も声をかけています。

しかし、永久使用の人工心臓となってくると、死がその方のゴールとなるわけですね。人工心臓を付けて、おおよそ一年、二年ぐらいは、しんどかった状況から元気になられ、生活が一変して、極めて高いクオリティを保てるようになりますので、大変お元気になります。ですけれども、人工心臓はそもそも一年、二年ぐらいの耐久性のテストでしか作られていませんので、三年、五年ぐらいで、いろんなトラブルが発生してきます。もちろん最長は一〇年ぐらいお元気で、人工心臓を付けて、元気になっていらっしゃる方もおられますが、それは稀だし、一〇年以上はどうなるのかと考えると、そうなってきたときのお気持ちをどう支えるのかという問題がございます。

これについては、緩和医療であるとか、科学と宗教の間の非常に難しいナイーブなところを私たちは常々考えています。人の命を助ける最前線にいるがゆえの、その次のステップは死だということを頭に入れながら、どのようにその方の気持ちを救いながら、元気に生きていただくのか。そこは本当にハードルの高い仕事で、これは医者の仕事を超えているのかなというふうにも思ったりしています。

心臓の再生医療と iPS 細胞

このような人工心臓や心臓移植というのは非常にポテンシャルが高いのですが、日本では残念ながら三〇年も遅れて、世界で一五〇番目にスタートしたのです。もう日本のサッカー、FIFA のランキングよりずっとあとにスタートしていますから、追いつけないのですね。そこで心臓を生かしながら、なんとか心臓に元気になってほしいということで、人工心臓や心臓移植の治療をする傍らに、これまで再生医療の研究を行ってきました。

再生医療の新しい技術に細胞シートがあります。（動いている細胞シートの動画を示して）これはデモンストレーションで、ネズミの赤ちゃんの心筋の細胞、動く細胞を集めてシートにして心筋の組織のように再現したものであります。

もう一〇年間、この研究開発をしてまいりました。臨床研究も行ってきて、ハートシートという形で承認を受けて、現在、これが市販されながら、研究を続ける段階まできております。

しかし、まだそれでは十分ではないということから、私たちは今、それを追求するためにiPS細胞を使って、より高い次元の再生医療を行う研究開発を進めているわけであります。それで、二〇〇八年から京都大学の山中先生と共同研究を始めて、ようやく人に届くところまできているということであります。

この間に山中先生がノーベル賞を受賞されたことから、文部科学省が非常に力を入れてくれまして、拠点事業として、今、四つのプロジェクトが進行しています。一つは、慶応大学の脊髄損傷の治療、それからもう一つは、京都大学のパーキンソン病の治療、それから神戸の理研では網膜の再生の治療、そして私ども大阪大学では心臓の再生治療を、iPS細胞を使って一〇年以内に本物の医療に持っていくということでスタートしております。

これはかなり英断で、従来にないレベルの研究費をいただいております。五年間で人に届くように、First in Human(医薬品の第I相臨床試験において人間に初めて投与すること)を行うようにと言われて努力してきました。今ちょうど五年目です。その五年目で、私どもの心臓がもう届くというところまできていますが、最近の報道であったパーキンソン病も、実は人でiPS細胞を使った治療がスタートしておりますし、脊損も来年ぐらいにはというふうに聞いております。

さて、（動画を示して）これは分化誘導剤を使い、iPS 細胞が心筋細胞に分化していっているところであります。これは我々が実験的に、製品的にこのようにつくっているわけですが、これを見ていただくと、先ほどの拍動するものもそうなのですが、極めて命の神秘性を感じると私は思っています。お薬を使っただけではありますが、細胞がこのようにピクピク動き出すということは、自然科学がなせるリアルワールドですね。宇宙の摂理、人の摂理、生命の摂理につながっていくというものであります。

そして、先ほど申し上げましたが、五年間の努力の積み重ねによって、来年にはいよいよ医師主導治験を開始できるという段階まできております。山中先生につくっていただいた人に投与できる iPS 細胞を私どもで分化誘導して大量培養して、それを人に投与するというものです。このプロトコール（治験実施計画書）が今年の五月に承認を受けて、いよいよ、この First in Human、世界で初めての事業に向けて準備をスタートしております。

ところが、ご存じだと思いますが、六月一八日に私ども大阪大学の付近で直下型地震（大阪府北部地震）が発生しました。あろうことか大阪大学の下に活断層が通っているということで、その断層が動いたのか、動かなかったのか、震度六の地震がありました。

それによって病院自体はさほど被害はなかったのですが、私どもの実験ラボではいろんなものが飛ぶわ、落ちたりするなど大変なことになりまして、十数か所の破損が起こったのを修理して、ようやくまた再開にこぎ着けたというような状況であります。

世の中、いろんなことがございます。人事を尽くして天命を待つという状況まできていて、また地震に遭ってしまったのですが、それでもそれを克服して、四か月ほどの遅れはあるかもしれませんが、来年には人に届けたいと思っております。

そういうことで、再生医療は私どもの心臓だけではなく、先ほど申し上げました脊髄損傷ですとか、パーキンソン病、眼、関節、軟骨、それから、肝臓とか腎臓とか、そこはなかなかハードルが高いのですが、心臓ではおそらく私どもをはじめとして、世界的にこの治療が普及していき、心臓ではそう簡単には死なない世界になるのではないかなというふうに思って、今後も努力していくように考えております。

どうもご清聴有り難うございました。

講演Ⅱ

カリスマは『神の賜物』か？

井上　順孝・國學院大學名誉教授

【略歴】

一九四八年　鹿児島県生まれ

一九七一年　東京大学文学部卒業

一九七四年　東京大学大学院博士課程中退、東京大学文学部助手

一九八二年　國學院大學日本文化研究所講師

一九八六年　國學院大學日本文化研究所助教授

一九九二年　國學院大學日本文化研究所教授

二〇〇二年　國學院大學神道文化学部教授

二〇一八年　國學院大學名誉教授

「宗教と社会」学会会長、日本宗教学会会長等を歴任。現在（公財）国際宗教研究所・宗教情報リサーチセンター長、宗教文化教育推進センター長。アメリカ芸術科学アカデミー外国人名誉会員

【著書等】

『21世紀の宗教研究』（編著）平凡社　二〇一四年、『世界の宗教は人間に何を禁じてきたか』ＫＡＷＡＤＥ夢文庫　二〇一六年、『グローバル化時代の宗教文化教育』弘文堂　二〇二〇年　ほか

はじめに

ただいまご紹介いただきました井上と申します。人間というのは体が丈夫でも、心が痛むということがよくあります。体はとても健康に見えても、何かの理由で人生に絶望する人もいれば、反対に満身創《まんしんそう》痍《い》の状態でも精神的には溌剌《はつらつ》としている人がいます。また心がすっきりしたことで、調子悪かった体が元気になったり、心が鬱々として体の具合も悪くなることがよくあります。体と心というのは非常に複雑で不可思議な関係です。

今日のお話はちょっと変わったタイトルになっていますが、なぜこのテーマを選んだかを最初に簡単にお話しします。私は長く現代宗教、特に新宗教の研究をしておりましたので、多くの教団を訪問し、いろんな教祖と会う機会がありました。また、教祖が信者たちに向かって話す、そういう様子も幾度となく見てきました。今年（二〇一八年）七月にオウム真理教の麻原彰晃ほか一二名が処刑されましたが、オウム真理教も調査したことがあり、一九九一年に麻原彰晃と面談しました。

人はどうしてある人に惹かれるのか、この問題は私の研究にとっては大きな課題です。宗教学では古い時代を扱うことが多い傾向にあります。ただイエスとかブッダの話を聞いても、あまりに時代が違い、自分たちとは遠い存在と感じます。しかし、新宗教を研究しておりますと、人が人に惹かれる現場を目の当たりにすることができます。

私はとくに宗教社会学の方法によって長年にわたって研究してきたのですが、九〇年代になり、欧米で脳科学が非常に進歩しました。九〇年代は「脳の一〇年」と言われますが、脳科学によって人間の脳の働きというのが飛躍的に細かくわかるようになりました。宗教についても脳科学を参照にして研究すべき時代になったと感じるようになりました。今日はそうした観点からお話をしていきたいと思います。

「カリスマ」という言葉ですが、今は一般社会では軽い意味で使われています。カリスマ美容師、カリスマ講師など、カリスマ〇〇という言葉は溢れております。いつ頃から広く使われ始めたのか調べると、どうも九〇年代ぐらいです。記事を検索していたら面白い漫画がありました。九九年の東京スポーツにあった漫画ですけれども、「カリスマ美容師」「カリスマ店員」と言って、みんなが使い始めているわけですが、これを茶化した漫画です。ただこうした一般に使われているカリスマは、もともと使われた意味からすると、誤用に近くなります。

本来、この「カリスマ」という言葉は、キリスト教神学などでも使われており、神の賜物とか、神の恩寵の賜物ということで、特別な働きを指す言葉でした。後ほどお話ししますが、皆さんもご存じかもしれませんが、マックス・ウェーバーという宗教社会学では非常に有名な学者が、カリスマ的支配について述べています。

こうしたことを踏まえて、最近の脳科学の議論のどんなところが宗教の研究に取り入れられるのかといったお話をしたいと思います。

創唱宗教の創始者たち

宗教の創始者たちがなぜ多くの人々を惹きつけたのか。この場合の創始者というのは、創唱宗教の創始者や日本に何百とある新宗教の教祖を含みます。教祖によっては、部外者からは、なぜあのような人を信じるのかと疑問を持たれる場合もあります。しかし、それを変な教祖に率いられた変な団体だからとか、信じている人たちは騙されているのだからと片付けると、なかなか多くの人がなぜひきつけられるのかという肝心な問いの解明に至らないと考えています。

創唱宗教の創始者には多くの帰依者、信者がいます。ブッダの場合ですと、これは推測ですけれども、だいたい四五年ぐらい布教活動をしました。ブッダの没後すぐにブッダは何を説きたかったのかと、比丘《びく》たちが相談した第一回結集といわれる会議があったのですが、それに五〇〇人集まったとされています。相当な数の人が弟子になっていたと推測されます。

イエス・キリストは、山の上で弟子と群衆に語った「山上の垂訓」が有名ですが、彼が教えを説いていた時期はおそらく二年くらいです。三年ちょっとという説や二年弱ではないかという説もあります。いずれにしても、ブッダに比べるとそんなに長い期間ではありません。それでもその短期間に多くの人を集めたし、いわゆる一二弟子をはじめとして、パウロなど自分の生涯をイエス・キリストの教えを広めるためにささげた人も出ました。

それからイスラム教の創始者であるムハンマド。彼もだいたい二〇年ほどの活動で、最終的にはメッカの人々の多くは帰依するようになったということです。非常に熱心な帰依者、信者ができて、創始者の教えを広げようとしたので、こういう人たちはなにがしかのカリスマがあったと言われることになります。

新宗教の教祖たち

世界の宗教史に登場するこれらの人物に比べて、近代の教祖というのは実に様々であります。私は主に日本の近代の新宗教を調べております。新宗教と申しましても、古い新宗教ですと二〇〇年以上経っているような黒住教があります。その教祖は黒住宗忠です。明治・大正にかけて形成された大本《おおもと》は出口なお・王仁三郎により創始されました。昭和前期には立正佼成会が庭野日敬・長沼妙佼によって創始され、終戦直後には創価学会が戸田城聖によって再興されました。あるいはPL教団の御木徳近、白光真《びゃっこうしん》宏《こう》会の五井昌久、真如苑の伊藤真乗・友司と、時代ごとに多くの教祖が生まれています。

こうした人たちは、我々研究者の間では有名なのですけれども（笑）、皆さんはあまりご存じないのではないでしょうか。そういう人たちは生存中に、少なくとも何百、多いときは何万、あるいは何十万の帰依者あるいは信者を集めています。

なかには社会にかなり強烈なインパクトを与えた人もいます。山口県の田布施で宗教を興した天照皇大神宮教の教祖北村サヨという人は、終戦直後に東京に出てきまして、教えを広めるために「無我の舞」を踊り、二～三年の布教で多くの信者を集めています。東京でのサヨと信者たちの無我の舞は、当時の

麻原彰晃（富士山総本部、1991年）

図１

NHKのニュースにも紹介されたのですけれども、ほんのわずかの期間に多くの人が惹き入れられました。

創価学会は、戦前に創価教育学会として牧口常三郎らにより設立されましたが、戦後、創価学会と改称しました。そのときの布教の先陣に立ったのが戸田城聖です。この人が生存している間、一九五〇年代後半までに何十万人もの信者ができました。

最近ですと、皆さんもご存じでしょうけれども、幸福の科学の大川隆法という人がいます。お見せしている写真は、私が九一年一二月に東京ドームで開かれた第一回の「エル・カンターレ祭」を見に行ったときのものです。大川隆法は王冠をかぶって出てきましたが、ドームいっぱいの信者が話を聞いていました。

この写真は九一年一一月に、オウム真理教の富士山総本部に私が行ったときに撮ったものです（図１）。麻原彰晃が説法をしている様子です。麻原の横にいるのが新實智光で、死刑に処せられた一人です。道場に座った信者たちが麻原の言うことに聞き入っています。

オウム真理教はロシアでも、三万人とも四万人とも言われるほどの信者ができました。九二年のオウム真理教の機関誌『真理』に載っている「ロシア救済ツアー」という記事には、多くのロシア人が集まっている様子が見られます。日本での信者はピーク時で大体一万人と言われたのですが、ロシアではそれ以上だったわけです。以前、日本の宗教の海外布教について調べたことがあるのですが、短期間でそんなに多くの外国人信者を得た例はほとんどありません。一九九五年三月の地下鉄サリン事件以後、オウム真理教はカルト教団という言い方で批判されることが多くなりました。彼らがやったことはとんでもないことですけれども、信者の多くはそういうことは知らずに麻原の言葉に従ったわけです。こういう現象をどう考えていったらいいかです。

カリスマ的支配とは

先ほど名前を出したマックス・ウェーバーのカリスマ概念は宗教研究者がよく用いますが、見過ごされがちな重要な点があります。それは支配を当然として受け止めるあり方です。彼は、人が支配を受けるのはどんなときだろうかということを考え、「支配の三類型」を示しました（図2）。

ひとつは「伝統的支配」です。これは長老に従うといった、その社会で受け継がれてきたような支配のタイプです。長老は力では若者には勝てないですが、長老の言うことには従わなければいけない。上の言うことに従えとか、長老の言うことに従えというような言い方は、現代社会でもよく見受けます。次が「合法的支配」です。これは官僚制度や選挙など、合法的手段で選ばれた人に従うタイプです。

■カリスマは『神の賜物』か？

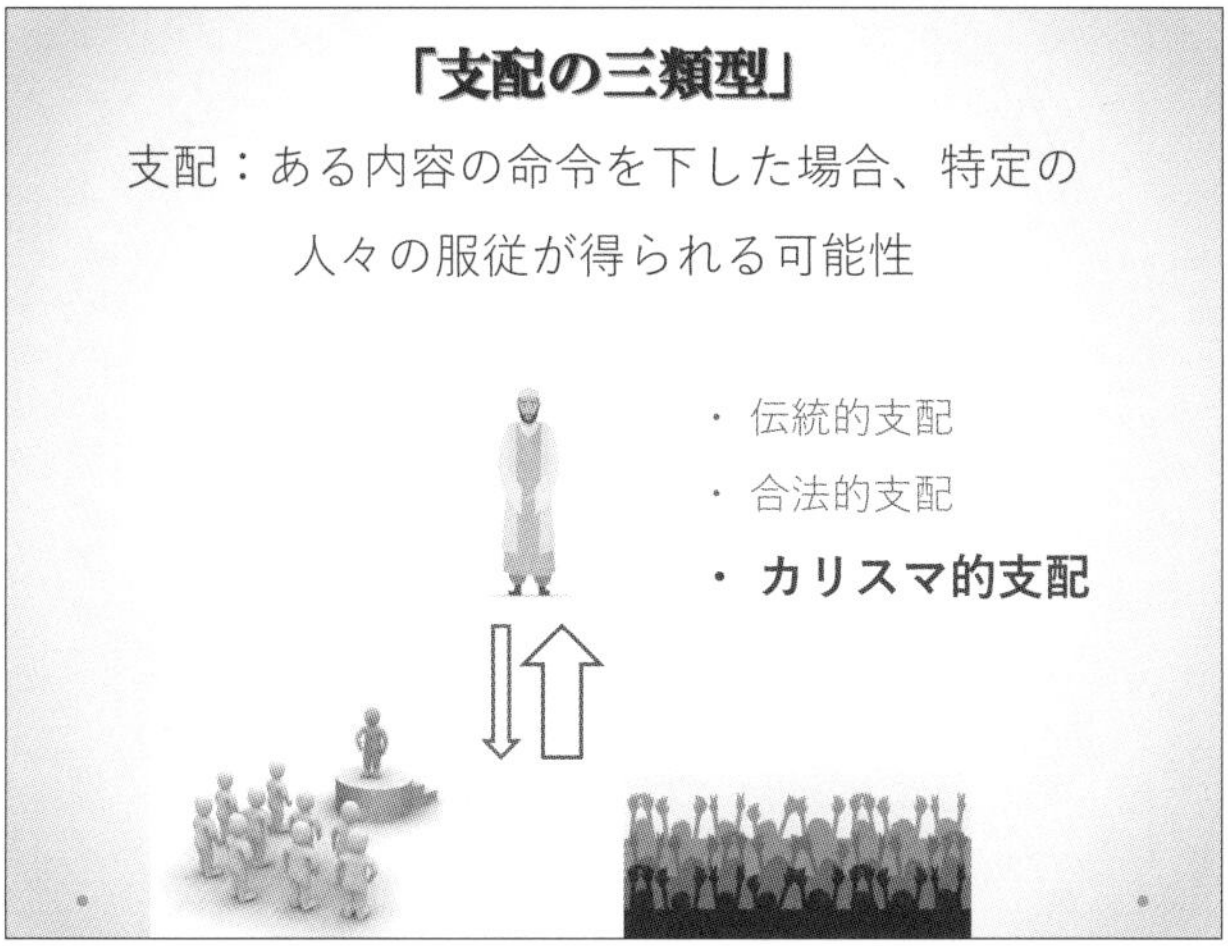

図2

制定された規則に基づくので、それに従って選ばれた人の命令には従わなければならないという考えです。これは現代社会では広く観察される支配の類型です。「カリスマ的支配」というのは、そういう伝統性も合法性もないが、その人の言葉、命令には従うのが当然となってしまうタイプです。三つの支配のタイプとも、大事なのは、支配される側が従うことを当然のこととして受け入れている点です。支配というと力づくで従わせるというイメージがありますが、ウェーバーの言う支配の類型は着眼点が異なります。暴力的な支配であれば、短期間で支配状態は終わります。しかし支配されているのが当然と考える支配であれば長く続きます。

　こうした視点からの支配の類型の中のカリスマ的支配は、教祖に従う信者のあり方を理解しようとするときには非常に分かりやすいものに思われます。したがって、新宗教研究者は教祖が多くの信者を集める現象をカリスマ概念から説明することが多くなりました。

ところが、この概念を使ったいろいろな論文を読んでいくと、なんとなく釈然としないところが出てきます。カリスマと言ってしまうと問題が解決されたような気になりがちということです。ブッダ、イエスが、なぜあんなに信奉者ができたのか。イエスやブッダはカリスマがあったからと言ってしまうと、説明になっていません。同様に新宗教の教祖もカリスマがあったから信者が集まった、で説明を終わらせてはいけない。彼らが何をして、何をしゃべって、どういうところが人々の心に入り込んだのかということこそ問題としなければならないと思いました。

ところが、この世界宗教と言われているような歴史的な宗教の場合、奇跡物語とか、神格化された話が非常に多くなります。当然のことです。これはどの宗教もそうです。それゆえ、なぜ惹きつけたのかが見えづらくなってしまいます。われわれが手に入れられる話は、すでに神格化された教祖像です。イエスですと、例えば湖の上を歩いたとか、死者を蘇えらせたといった話があります。ブッダですと、生まれるときに超自然的なことがいっぱい起こったという話があります。おそらく皆さんも、凍ってもいない湖上を歩いている人が本当にいたら、これはただ人《びと》ではないと思うかもしれません。けれども、そうしたことはあり得ない。現代だと条件が変わってきます。例えば、麻原彰晃が「空中浮揚した」と主張しても、信者の一部は信じるかもしれませんが、多くの人は、それは客観的な証拠がないではないかと疑う。空中浮揚の写真を見せられても、ジャンプしているだけではないかと考える。神格化されるにはもっと別の要素というものが大事だったのではないかと考えられます。

近代に設立された教団の場合、
教祖の日常的姿が比較的とらえやすい。

教祖の属性はさまざまである。
◆男性もいる、女性もいる。
◆比較的若い人もいる、中高年の人もいる。
◆教祖になる前の職業もさまざま。

では何が共通するか？
●直接的に信者に語りかける。
●比較的初期に熱心な信奉者があらわれる。
→教祖の「語り」が惹きつけていく

図3

人を惹きつける「語り」

　そうすると、近現代の教祖というのは実はそういう意味では研究のしがいがある……というのはちょっと変な表現になりますが（笑）、日常の姿を実際に観察する機会をもつわけです（図3）。また比較的最近の人が多いですから、たとえ亡くなった教祖でも、身近な人が書いた話とか、場合によっては新聞や雑誌の記事などもあります。そこにはさほど神格化された話はありません。歴史上の人物だと、修験道の創始者とされる役行者《えんのぎょうじゃ》のように空を飛んで向こうに行ったというような話はいくらでもあります。しかし、近現代の教祖にそうした話は通用しないし、またそれゆえに人々が惹きつけられるというわけでもなさそうです。
　実際に、私は何十人もの新宗教の教祖、またその後継者の人に会いました。属性はもうさまざまです。男性もいますし、女性もいます。年齢も三〇代、四〇代で教祖という立場である人もいるし、五〇代あるいは六〇代ぐらいになってから宗教的な道に入ったという人もいます。教祖になる前に、宗教家であった人も少数います。大半は会社員であった、農業を営んでいた、主婦であったと、宗教的世界に入る前には様々な職業であったことが分かります。そうすると、職業的な属性はカリスマには関係ないだろうと思えます。

そこで、ひとつポイントになるのではないかと思ったのが、教祖の「語り」です。何が語られるのかということです。私は大学の講義を四〇年以上体験しました。二〇一八年三月に定年になりましたが、講義で九〇分間、学生を惹きつけておくというのは難しいです。最近はパワーポイントが使えますので、動画とかをはさみますと、それなりに見てくれるのですが、話しだけで九〇分間、学生の集中力なり関心を持続させるのは大変なことであると感じます。

しかし、教祖が多くの信者に話をする場面を何回か見ましたが、二時間でも三時間でもぶっ続けに話す人がいます。信者だから聞いていなければいけないという義務感からだけとも思えません。多くの人が真剣に聞いているのが分かります。話の内容はそんなに深くはないと言えます。ただ、きっと何か人の心を捉えているのだと思います。教祖の「語り」の内容が人を惹きつけていると考えられます。これが、ひとつ重要なポイントと思っています。

脳科学の研究成果と宗教

そういう経験をしてきましたので、先ほど触れました最近の脳科学の研究成果の中には、宗教研究の立場からもなかなか興味深いものがあります。今日は、その中でミラーニューロン、共感、脳波同調といったことを簡単に取り上げたいと思います。個人的には、こうした研究成果を取り入れないと、宗教の謎がなかなか解き明かせないのではないかという思いが強くなっています。

いろいろな宗教において、人がその宗教に帰依する説明としては、宗教家や教祖は本当に真理を説いているのだとか、素晴らしいから人々は受け入れたのだといった観点、つまり話の内容の価値の高さで説明することが多く見られます。宗教社会学では、先ほどカリスマという言葉に関して述べたように、教祖は信者の心を動かすような特別な資質を持っているから多くの信者を集めたといった説明になりがちです。

■カリスマは『神の賜物』か？

ところが脳科学では、人と人がどうつながるか、どう影響を与えるか、そのとき脳というのは一体どのような特徴を見せるのかといった研究が盛んに行われるようになりました。私はとてもすべてをカバーできる能力はないのですが、今、とくに注目しているものを紹介します（図４）。

DNAなどの研究が飛躍的に進み、DNAのなかに埋め込まれているような人類の記憶や行動パターンが注目されるようになりました。進化生物学、進化心理学、認知心理学、あるいは、様々な認知系の学問がこのことに着目しています。人類の生物学的な特徴だけでなく、文化的問題、そして道徳や倫理の問題にも進化論的な発想を入れなくてはいけないという議論が生まれています。

さらには動物の行動まで考慮に入れることによって、人間はどこから人間らしいのかというような問題、そしてそのどこに宗教の依って立つところがあるのかというような議論が、これからきっと増えるに違いないと思っております。

宗教研究が直視せざるを得ない
最近の脳認知系の研究

宗教心、信仰心というものに関して再考せざるを得ない面が出てきた

・DNA研究などが刺激した進化論の新たな展開
（進化生物学、進化心理学など）
・・・道徳や倫理の問題も進化論的発想を考慮せざるを得ない

・fMRIなど非侵襲的脳研究の発展
・・・宗教的行動、思考には何か特徴的なものが見出せるのか
をあらためて考えざるを得ない

→教祖が熱心な信奉者を短期間で集める現象にも新しい視点が必要

図４

脳に関する非侵襲的な研究があります。fMRIを使用して脳に直接触れることなく脳活動を調べる方法が有名ですが、それ以外にもいくつかあります。そうした方法で、今までは外から表情とか言動からしか観察できなかった人間の感情の動きだけでなく、次に何をやりたいと思っているのかまで、少しわかるようになってきています。

最初に述べたいのは、皆さんも聞いたことがあるかもしれませんが、ミラーニューロンという神経細胞の働きです。

ミラーニューロンはジャコモ・リゾラッティという研究者が発見したものです。彼は人間が何かモノを掴もうとしているのを見ているサルがどんな脳波になるかというのを調べ、サル自身が何かを掴もうとしているときの脳波と、ぴったり同じではないが、非常に似ていることに気付きました。

これは、自分がするだけではなくて、相手が何かやると、自分の脳のなかでは似たような反応が起き

ていることを意味します。これはアカゲザルの実験ですから、脳に電極を埋め込むといった侵襲的なことを行ないましたが、人間にはさすがにこうしたことはできません。人間も果たしてそうなのか、ということがしばらく議論されましたが、今ではほぼ人間もそうだというのが通説になったようです。

ラマチャンドランという大変有名な学者がいるのですが、彼はミラーニューロンの人間の文化への影響ということに非常に関心を持ちました。そして、彼は共感ニューロンにマハトマ・ガンジーをもじって「ガンジーニューロン」と名付けましたが、この共感こそが人間の文化の飛躍的な展開を支えたと考えています。

彼はニューロンレベルでの共感の働きについて、イミテーションとエミュレーションという二つの言葉で説明しています。イミテーションはそっくりそのまま真似をするというやり方です。エミュレーションは何をしたいのだと意図がわかって真似をするやり方です。人間はこの二つのやり方ができる。ほかの動物もある程度できるだろうけれども、人間の場合、非常にこの点が優れていると言っています。

これは教祖の教えや実践が短期間に広まることに適用できるかもしれません。教祖が言ったことに本当に共感して、ああ、そうなんだ、そうすれば人は救われるのだといった思いがコピーされたときに、同じような布教をする人が出てくる。そういう説明が可能かもしれない。これは今の時点では大いなる仮説でありますけれども、そういう見通しが持てるというふうに私は感じております。実際、宗教の儀礼や礼拝はこれでとてもうまく説明できそうです。

また一本締めというのも興味深い現象と感じたことがあります。多くの人が一斉に手を叩いて本当にきれいに合います。あれは脳波が合っているからに違いない。そうでなければ一〇〇人、二〇〇人が一緒に、パーンという音を見事に出せるでしょうか。一斉にお辞儀をしているから私も真似をしてお辞儀をするというのではない。何かがあるはずなのですね。

これに関しては、ウリ・ハッソンという神経学者が実験した脳波同調という現象も参考になります。彼がやった実験というのは、ある程度感動するような話、悲しい話を、英語でやりまして、そのときの聴衆の脳波をとったのです。そして、同じ話をロシア語に訳してロシアで行なったのです。すると、英語で聞いていた人の脳波と、ロシア語で聞いていた人の脳波は非常に似ていたということです。ハッソンの実験の様子は、TED《テッド》というウェブ上にある番組で見ることができます。

どの言語を用いるかによらないで、話の内容によって感動する結果になったことは、これは宗教にとって大きな意味を持ちます。サンスクリット語とか、パーリ語で書かれていたような仏典が、中国語になっても、日本語になっても、同じように感動をもたらしうる。またギリシア語やラテン語で記されていた聖書が他の言語に訳されても、同じような感動をもたらしうる。こういうことを示唆しています。

実際に教典の類《たぐ》いを翻訳するときは非常に細かいところまで気を付けていると思います。この言葉を翻訳するにはこの語を使ったほうがいいとか議論を重ねます。教典でなくても、一回でも翻訳作業をやったことがある人はわかるはずですが、適当な訳語を見つけるのは大変骨が折れる。翻訳にはそういう正確さを求める面とは別に、ストーリーを的確に伝えているかという面があります。ある人がある親しい人を失った悲しみとか、苦難に遭い、挫折したけれどもそこから立ち直った喜びとか、そういうストーリーは、文化は違っても同じような感情を呼び起こすと考えられます。だから宗教者の語りの内容が何かは、とても大事になります。

そうすると、文化の違いを超えて、人間の心を動かすストーリーは何だとなります。一般に教祖や指導者を前にしての熱狂と歓喜というのは、宗教を研究していると、至るところで見ることができます。でも、これはコンサートにおける熱狂・歓喜と何が違うのだろうかと時々思います。学生に宗教の信者たちが熱狂する集会の様子を見せると、〝あれ、コンサートと一緒じゃないですか〟といった反応が出てきます。そうすると人間は何に共感し、何に大きく反応するかはとても大きな問いになります。

人間行動の二重過程理論

この問題につながるのですが、カナダの心理学者キース・E・スタノヴィッチは、二重過程理論という大変興味深い説を出しています（図5）。これは、人間がある行動をするときには、二種類の作用というのが常に働くとするものです。ひとつは、彼がTASS《タス》と呼んでいる自動的な反応の仕組み。もうひとつは分析的システムです。

何か美味しそうな食べ物があったとすると、手を伸ばしたいとか、そういう反応は誰でも起こります。しかし、それが公園のベンチの上にあったとしたら、欲しいと思うだけではなくて、何だろう、誰が置いたのだろう、毒が入っているかもしれないと、いろいろ考えます。それで結果的に食べないという判断をする人のほうが多いと思います。でも、それは分析的システムがきちんと働いた場合であって、餓死寸前で食べられるものは何でもいいという状態であったら、TASSの反応だけによって食べてしまうかもしれません。

・二重過程理論

キース・E・スタノヴィッチ

『心は遺伝子の論理で決まるのか
—— 二重過程モデルでみるヒトの合理性』

・TASS（The Autonomous Set of Systems）
　・・・すぐさま反応してしまうような話の場合
・分析的システム
　・・・じっくり考えて納得いくような話の場合

図5

実際に聞いたことがありますけれども、ボクサーにとってもっとも厳しいのは減量のようです。最後は水も飲まないで減量に努める。それで水を一切飲まず渇きが激しくなると、トイレに行ったとき、トイレに溜まっている水さえ飲みたくなるというのです。人間の体の反応というのはそういうものです。

だから分析的システムが働かなくなると、もうTASSのみで行動することになります。通常は多少余裕があるでしょうから、反射的に反応するだけではなくて、いろいろ状況を考えて行動します。

なぜこういうことを言うかというと、宗教研究者の多くはテキストによって対象を研究します。歴史的な宗教の場合はそれしか方法がありません。教典になったものや難解な神学書、教学書の類もいろいろ読みます。文章に表現されたものは、分析的システムを用いて考えたことや行なったことの記述が大半と考えられます。人の理性的な面というものを主に分析するのです。○○という条件のもとでは、△

■カリスマは『神の賜物』か？

教祖は新しい世界観・人生観を提示

「なぜ人間は苦しむのか」

「救われるにはどうしたらいいか」

「悟るためにはどのような修行法があるのか」

「神は人間に何を求めているか」

「人の生きる目的は何か」

　→こうしたことについての教えの説き方は、主に分析的システムに関わる。

　＊宗教ごとの違いも大きい。

図６

△になるに違いないと、論理や体系性を想定して判断する。でも人間が行動するときには、あまりそれは関係ない。ここにお坊さんもおられるので言いづらいのですけれども（笑）、お坊さんの説法に寝る人でも、教祖の単純な言い方には覚醒して聞き続ける人はいっぱいいるわけです。それは無意識のうちに聞きたいと思っていたこと、我知らず心に響いてくること、そうしたことが話されるからと考えられます。

　例えば、人間はなぜ苦しむのか、救われるにはどうしたらいいのか、といった宗教にとって普遍的な問いがあります（図６）。これに対していろいろな説き方がありますが、新宗教の教祖の言葉そのものを聞いていると、答えは意外と簡単なことが多いのです。そんなに悩む必要はないよとか、誰でもそうなのだよとか、いや私の言うことを聞けば、君、間違いなく天国あるいは浄土にいくのだよとか、こまごまとした説明はしていない。そこで解決されるものは何かといえば、恐怖が取り払われることです。心に重くのしかかっているようなことがふっと解消されるなら、それでいいという印象を受けます。

これは多くの教団を見てきた私の個人的な受け止め方です。病気になった場合、いろんな肉体の苦しみと同時に、実は心が痛みます。自分はこれからどうなるのだろうかという不安もある。周りに迷惑をかけてしまうという心苦しさが生まれる。社会的にどう見られるのだろうかということも大きな心配になります。これらによって生じる心の痛みが、体の痛みとともに相当大きくのしかかります。

ところが、新宗教の教祖のなかには、病気になったのは神様があなたに本当の道を教えるためだと説いた人がいます。あるいは、あなたは選ばれた人だから、もともと宗教的に優れた素質があるから、健康だったらわからないようなことが、病気になったらわかるので、わざとあなたを病気にしたのだと説いて聞かせる。こうした物言いでどうなるかというと、その人の心が解放されます。

よく新宗教は「病気治し」とか言いますけれども、実際はあまり治りません。本当に大半が治るのだったら、病院は要らなくなります。たまに一〇人に一人ぐらい治ったらとても評判になります。実際には病気が治らないのに、なぜ教祖に従うかと言ったら、心がそれで軽くなるからです。本当に簡単な言葉で心が軽くなるのです。これは先ほどの二重過程理論で言えば、教祖の言葉にはTASS的な反応を引き起こすものが多く、実は遺伝子に組み込まれた反応に上手く訴えているのではないかと、今のところ考えております。

これからの宗教文化の研究

結びに入りますけれども、私がこうした研究をやっている理由は、科学と宗教は決して相反するものではないということ、もともとは同じようなことを目指していたと考えているからです。人間のあり方や思考や行動の理由、何を目指しているのか、このようなことを考えていく方向が文化の発展とともにどんどん多様化しました。現代社会は非常に細分化しています。しかし、きちんと物事を考えようとすれば、そうして細分化したものすべてを集める努力が必要ですし、また集まろうとする動きが起こります。先ほどの澤先生のお話でも、内科・外科の医師が共同して治療をすすめるということでした。いろいろな観点から共同してやるというのが本来のやり方ですし、そうあって欲しいと思います。何か違う思惑があってそれを妨げているだけであって、本来はそうなっていくと思います。

そうすると、私の現在の課題は、こうしていろいろ出てきている脳科学の成果を宗教史と向かい合せていくことです。この場合の宗教史というのは、別に古いということではありません。ある意味、昨日のことも宗教史だと私は捉えています。過去に起こったすべてのこと、宗教に関するすべてのことを、学問、特に脳科学の成果と突き合わせていく。

では、脳科学は今、何を探究しているかを部外者から見ると、とても重要な領域と感じられるのは、ヒトに組み込まれた様々な遺伝子の情報とその働き方の仕組みの解明です（図7）。

これは現段階では、まだ全然わかっていないと言ってもいいぐらいの状況のようです。ほんの一部が

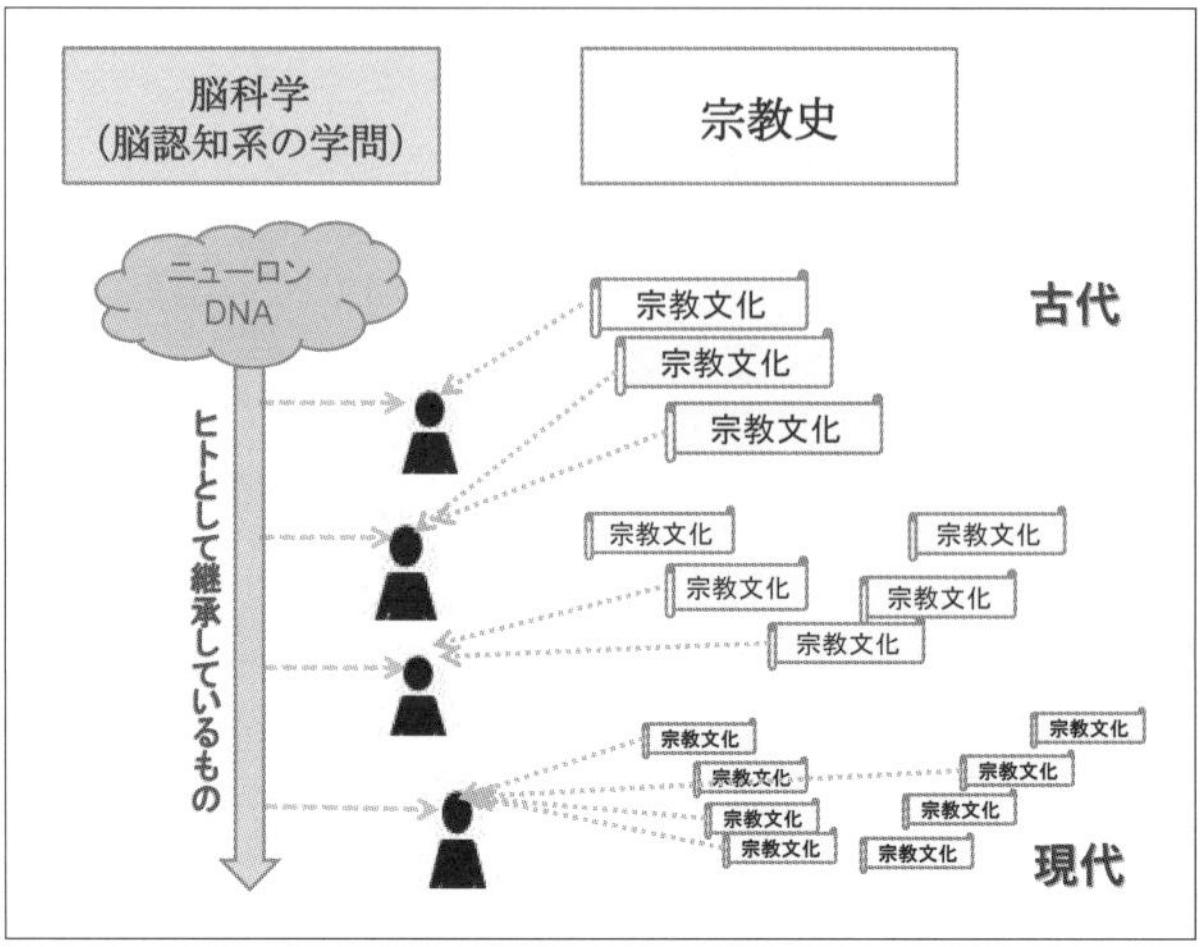

図7

解き明されたぐらいですが、間違いなくヒトは古くからの情報を継承して進化しています。体はわかりやすいです。ここにいる全員が、見事に受精して、皆人間の体になったことは、それだけでも不思議といえば不思議です。魚になりません。象にもなりません。予めプログラミングされたものが、その人の意志とはまったく関わりなく発現します。当然と思っているこのことだけでも、本当に不思議なメカニズムです。

これまでの宗教文化の研究では、ヒトに遺伝的に組み込まれたものへの注目というよりは、個々の宗教文化が展開した特徴というものを中心的に見てきました。つまり、キリスト教ではこういうことが説かれた、仏教ではこういうことが説かれた、神道ではこういうことを言っているという形で、個々の宗教を研究してきました。また今日触れたような、新宗教を含めた各宗教の創始者たちは、これはゼロの状態から出発するわけではありません。必ずその創

■カリスマは『神の賜物』か？

始者が生まれたときにすでにあった宗教文化をその人なりに吸収しています。これは間違いないことで、誰もゼロから宗教の教えや儀礼や実践方法を作り出していません。それ以前のその地域にあった宗教文化を基盤にしています。

ただ、創始者の独創性を言うときには、そうした背景の宗教文化からの影響を過小評価しがちです。新宗教の創始者を調べていくと、一人の人間の中にずいぶんいろんな宗教文化が入り込んできているのがよくわかります。一九七〇年代あたりからのようですが、その教えが仏教なのかキリスト教なのか、よくわからない教団も出てきている。私はこれをハイパー宗教と言っているのですけれども、何系だかわからないような教団も世界には多くあります。情報化やグローバル化が急速に進行する時代には、宗教文化も相互に影響を与え合う度合いが格段に進んだ結果を反映していると考えます。

人間として遺伝的に組み込まれたものはしっかりと継承されているのは間違いない。ヒトとして生まれた時点で継承されているものがあります。他方、相互影響が深まるとさまざまな宗教文化に出会います。両者はどのような関係をもっているのか、どういう事例に即してこの関係を考えていったらいいのか。こうした視点を今後の宗教研究にも組み込むことが大事ではないかと考えています。私はこの十数年そういう主張をしております。今後、どこまでやれるかわかりませんけれども、方向性としては間違いないかなと思っています。

どうもご清聴有り難うございました。

第一四回講演会―令和元年一一月一六日

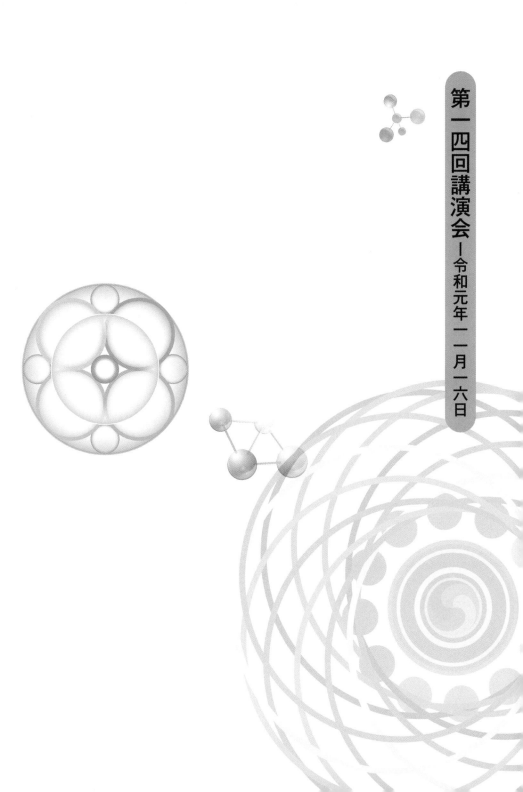

講演Ⅰ

太陽の脅威とスーパーフレア

柴田　一成・京都大学大学院理学研究科附属天文台教授

【略歴】

一九五四年　大阪府生まれ
一九七七年　京都大学理学部卒業
一九八一年　京都大学理学研究科博士課程宇宙物理学専攻中退
　　　　　　愛知教育大学教育学部・助手
一九八六年　愛知教育大学教育学部助教授
一九九一年　国立天文台太陽物理学研究系・助教授
一九九九年　京都大学大学院理学研究科附属天文台教授

【著書等】

『太陽の科学』ＮＨＫブックス　二〇一〇年、『とんでもなくおもしろい宇宙』角川　二〇一六年　ほか

はじめに

こんにちは。本日は素晴らしい講演会にお招きいただきまして本当に有り難うございます。私がお話ししますのは、さきほど松長先生がお話しになられたような、これから人類は無事生き残ることができるのだろうかということです。あらゆる分野の人が協力して人類の未来を築いていかないといけない、いかに次の世代に引き継いでいくかということについてお話しをさせていただきたいと思います。

私、実は、世界中でこうした話をしております。身近な存在である太陽を研究すると、だんだん恐るべき天体であるということがわかってきて、このまま何も知らずにいくと、我々や社会が崩壊するのではないかという話を世界中でやっています。ある意味、世界中に恐怖をばらまいているような講演でございます（笑）。

アマチュア天文学発祥の地「花山《かざん》天文台」

本題に入る前に、私がおります京大の天文台を少し紹介させていただきたいと思います。ちょうど九〇年前の一九二九年に京都の東山、清水寺の裏山に花山《かざん》天文台ができました（図1）。

花山天文台は、これまで太陽系や太陽に関する世界的な活躍をしてきましたが、それ以上に重要なのは、日本のアマチュア天文学の発祥の地と言われていることなのです。初代天文台長の山本一清先生が

京都大学大学院　理学研究科　附属天文台
花山天文台
飛騨天文台
太陽系、太陽観測で世界的成果
日本のアマチュア天文学発祥の地
（山本一清　初代台長）
太陽観測の世界的拠点
京都市山科区　創立：1929年
岐阜県高山市　創立：1968年

図１

すごい方で、一〇〇年近く前、日本中に出かけて行って、非常に熱心に天文学の普及活動をされました。また日本中の星好きな方、あるいは子どもたちをこの花山天文台に招き、天文学を教えました。そういう活動のおかげで日本中にアマチュア天文家がいっぱい生まれたのです。

実は日本のアマチュア天文学というのは世界一なのです。皆さんも新聞とかテレビで、日本のアマチュア天文家が彗星を発見したとか、新星を発見したとか、そういうニュースをときどき聞かれると思います。日本のアマチュア天文家による新天体の発見の数は世界一ですけれども、プロの天文学のほうは世界で三番目ぐらいです。

なぜ日本のアマチュア天文学が世界一になったかというと、京大に花山天文台ができて、すごく熱心に普及活動をしたおかげと言われています。古い資料を調べますと、戦前、京大の理学部の教授会で、山本博士はこうした市民向け講演会に行き過ぎであると吊し上げになったという記録が見つかりました。でもそれは、結果をみると一〇〇年ぐらい時代を先取りしていたわけで、世界の科学史の中でもすごい方だったのです。私は、そういう普及活動を引き継がなければいけないと思ってこうした講演をしているわけです。

スーパーフレアの謎を解明する「せいめい望遠鏡」

この花山天文台ができたときは、隣が京都の山科というところで、昔は田んぼしかなかったのですね。今はもう大都会になりまして、時々、観望会をやるときに、「今日は、曇って星は見えないけれども、一〇〇万ドルの夜景は楽しめます」とか、そんな話をするようなところになりました(笑)。ということは、空が明るくなって、最先端の天文台としては相応しくなくなったということです。そこで、五〇年ほど前に飛騨の山奥に飛騨天文台をつくりました。花山天文台の伝統を引き継いで、太陽系の観測で世界的な活躍をしてきました。

ただ、飛騨天文台は日本海に近いぶんだけ少し天気が悪い。日本でいちばん天気のいいところは岡山なのですね。晴れの国、岡山。ここに十数年前から東アジア最大となる三・八メートル望遠鏡というのを作りはじめまして、それがようやく完成し、定常観測ができるようになりました（図2）。この望遠鏡はスカスカで、世界で一番軽い望遠鏡です。京大にはお金がないものですから、研究者と民間企業が産学共同で、すべての技術は自分たちで開発しました。このクラスの望遠鏡では日本で初めての純国産の望遠鏡です。

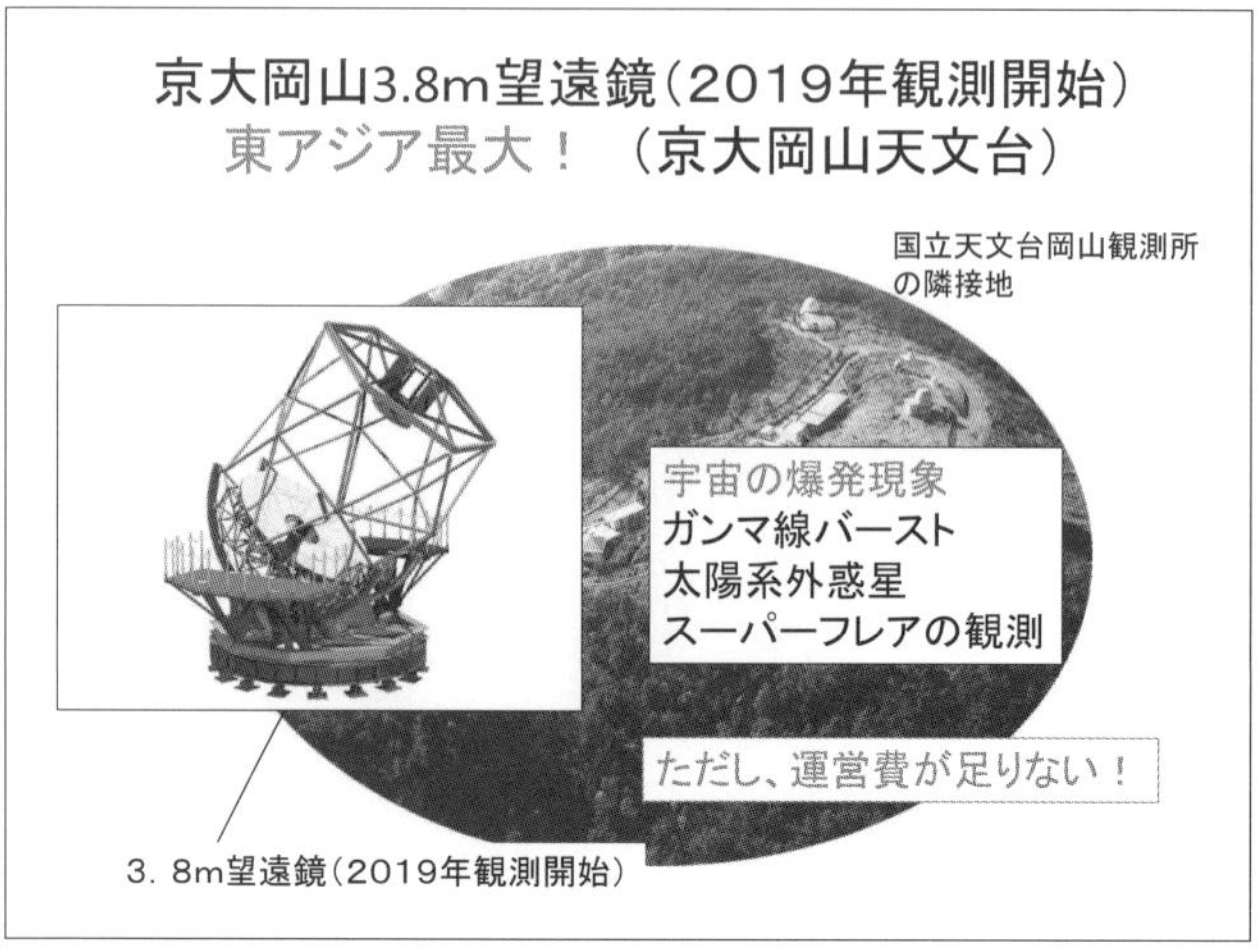

図2

なぜこんな軽い望遠鏡をつくったかというと、宇宙の爆発現象を解明するためです。つまり、爆発というのはいつどこで起こるかわかりませんから、突然、ぴかっと光ったときに別のところを見ていた望遠鏡を急いで動かす必要があります。早ければ早いほど、人類が見たことのない爆発の直後の姿を見ることができるということで軽量化したのです。

さて、私たち京大グループは、七年ほど前に、太陽とそっくりの星に、太陽で起きている爆発、フレアの一〇〇倍とか一〇〇〇倍とかのスーパーフレアを大量に見つけました。太陽とそっくりな星で起きているということは、太陽でも起きるかもしれません。そういう驚くべき発見をしたのです。そして、この完成した望遠鏡は、スーパーフレアがどうして起こるのかという謎を解明するのに、世界で最も優れた能力を持っているわけです。

かかった費用は一五億円です。そのうちの六億円は、私の大学時代の同級生の友人が、民間企業のトップをしており、フジキンさんが高野山大学に寄付されたのと同じように、支援してくれました。残りの九億円は国のほうから出ました。ですが国は、「京大は二つの天文台を持っているのに三つ目の天文台なんてけしからん、古い天文台を閉鎖して岡山天文台を運営しなさい、スクラップ・アンド・ビルドでやりなさい」というわけです。これが今の日本の科学政策なのですね。

それで最初は花山天文台廃止もやむなしとは思ったのですが、さきほども言いましたようにすごい歴史があるわけです。アマチュア天文学の発祥の地です。古いけれども、望遠鏡というのは実は一〇〇年使っても性能は落ちないのです。京都の空は明るくなって、最先端の天文学に相応しくなくなったけれども、太陽や月や惑星の観測には全然遜色がない。古いけれども、特に教育や普及に使ったら、これは超お宝であるということで、京都の花山天文台の周辺の方々は、これを市民の力で残しましょうということで、やはり寄付集めを始めました。

そうしたらですね、香川県の世界的なクレーンメーカーである株式会社タダノという会社が支援をしましょうと言ってくださって、一〇年間存続できることになりました。本当に、感激しております。ただ、まだ資金が足りません。そこで京大天文台基金というのをつくり、寄付集めをしておりますので、ぜひ皆さんもご支援いただけたら幸いです。これが今日の一番重要なメッセージでございます（笑）。

太陽の正体と脅威

それでは本題に入ります。まず、太陽は実は爆発だらけなのです。爆発が起きているということは、

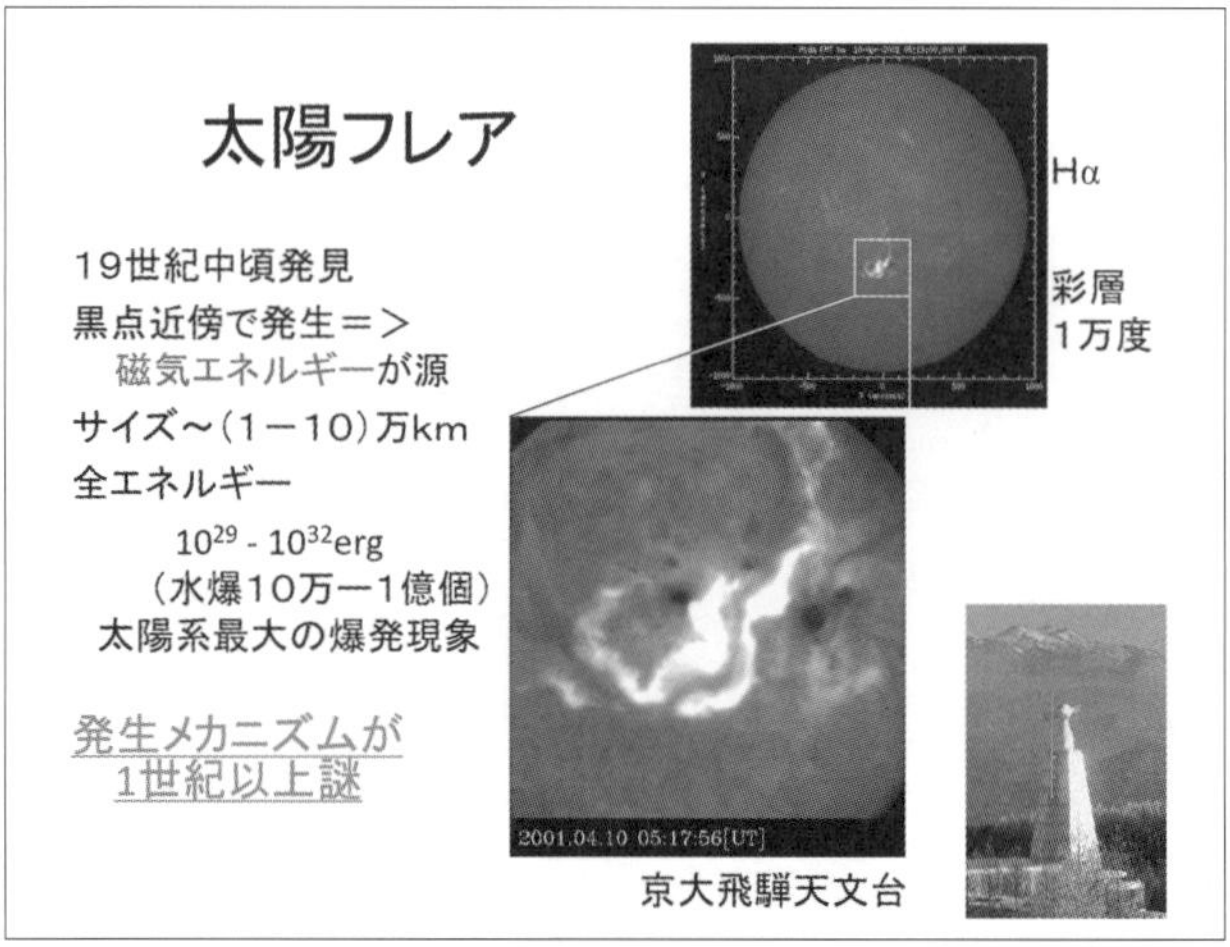
太陽フレア
19世紀中頃発見
黒点近傍で発生＝＞
磁気エネルギーが源
サイズ～（1－10）万km
全エネルギー
10^{29} - 10^{32}erg
（水爆10万ー1億個）
太陽系最大の爆発現象
発生メカニズムが
1世紀以上謎
Hα
彩層
1万度
2001.04.10 05:17:56[UT]
京大飛騨天文台

図3

その影響が地球に伝わってくるわけです。そして、現代社会が発展すればするほど、太陽の影響を強く受けるということがわかってきました。では、どういう影響を受けるのでしょう。

宇宙を詳しく見ていると、実は太陽とよく似た星がいっぱい見つかってきました。そういう星を調べると、太陽の過去、地球の過去がわかり、太陽の未来、地球の未来もわかる。講演の最後には、一〇〇〇年、一万年に一回といった頻度で起こるというスーパーフレアが起きる可能性が見えてきたという、ちょっと恐ろしい話もしたいと思っています。

まず太陽の正体ですが、爆発だらけなんですね。これは京大の飛騨天文台で観測された大フレアの貴重な写真です（図3）。Hαフィルタという水素原子の特殊なスペクトル線、Hα線というのですけれども、そういう赤い光だけを通すフィルタで太陽を見ると、彩層という太陽の上層大気が見えます。そこを見ていくと、時折、ぴかっと光る現象が見つか

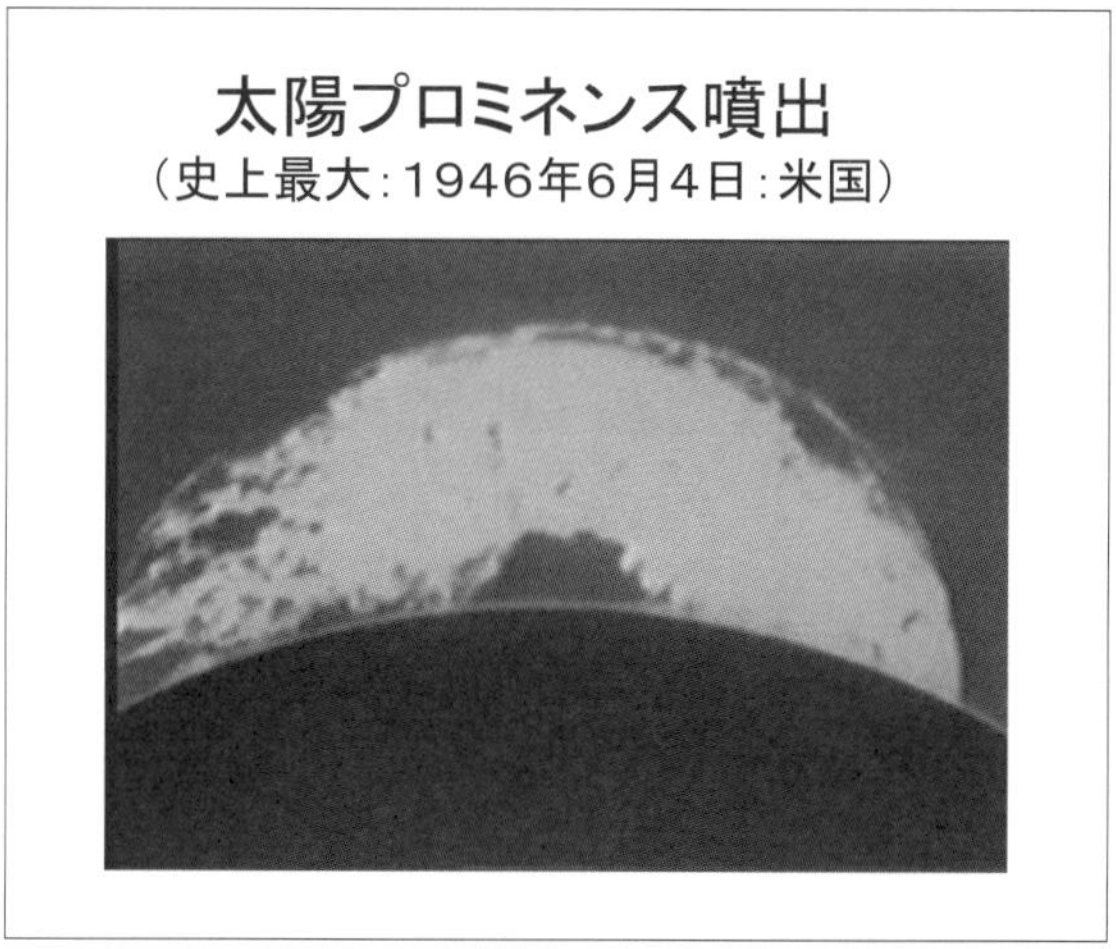
太陽プロミネンス噴出
(史上最大:1946年6月4日:米国)

図4

ります。これがフレア、爆発現象ですね。今から一五〇年ほど前に発見されたのです。

これは太陽に比べれば小さいのですけれども、太陽は大きいですから、もう大フレアです。これを拡大すると黒い丸い点、黒点が見えます。黒点が地球ぐらいの大きさですから、いかに大きいかわかると思います。連続映像でデータがとれていまして、見ていますと突然、ぴかっと光ります。この黒点は二つありますが、黒点は一種の磁石のようなもので、N極とS極なのです。面白いことに、光るところも二か所あるのですね。これは地球で起きているオーロラとそっくりなのです。オーロラも北極で光ったら、南極でも光るのです。それとそっくりなのです。黒点には強い磁気があり、その磁気のエネルギーによって爆発が起きるというのが二〇世紀の中頃にわかったのです。水素爆弾を一度に一〇万個から一億個ぐらい爆発させたぐらいのエネルギーが発生します。到底、人間ではつくれない膨大なエネルギーが解放されているのですね。メカニズムは一〇〇年以上、謎だったのですけれども、ようやく最近わかり始めてきたという段階です。そこには日本の研究者の活躍が非常に大きかったのです。

フレアが起きるときには、しばしばプロミネンス噴出という現象が起こります。これはアメリカで七〇年ほど前に撮影された史上最大のプロミネンスという現象です（図4）。普通、プロミネンスは雲のように静かに浮かんでいるのですけれども、時折、このように噴出をすることがあります。このときに上から見ていると、太陽の表面がぴかっと光るのです。この映像を初めて見たとき、こんな大きいガスの噴出が起きているのかとびっくりしました。

日食のときに見える太陽の外側、コロナと言います。このコロナ自身は素晴らしく美しいのですが、実は数百万度の超高温状態にあるということがわかっています。そんなに温度が高いとX線を出すのです。レントゲン写真のときに使うX線です。X線は放射線の一種ですから、もうそれだけで太陽がいかに恐ろしい天体かというのがわかるのですけれども、幸い僕らは地球の大気で守られているのですね。このX線は全部、大気の上層部で吸収されて、地上には届かないので、僕らは被爆せずに済んでいるのですが、逆に言うと、コロナの正体を解明するためにX線観測をしたいと言っても、X線が届かないので、地上からはできません。

ですから二〇年ほど前に、日本が「ようこう」という人工衛星を打ち上げて、一〇年間にわたって初めて太陽のX線を連続観測し、映像を撮るのに成功したのです（図5）。私は、このとき国立天文台に勤めていまして、JAXA（宇宙航空研究開発機構）に毎日通っていました。データをチェックするのが仕事だったのです。その映像を初めて見たときは衝撃を受けまして、太陽はなんと爆発だらけなんだと。

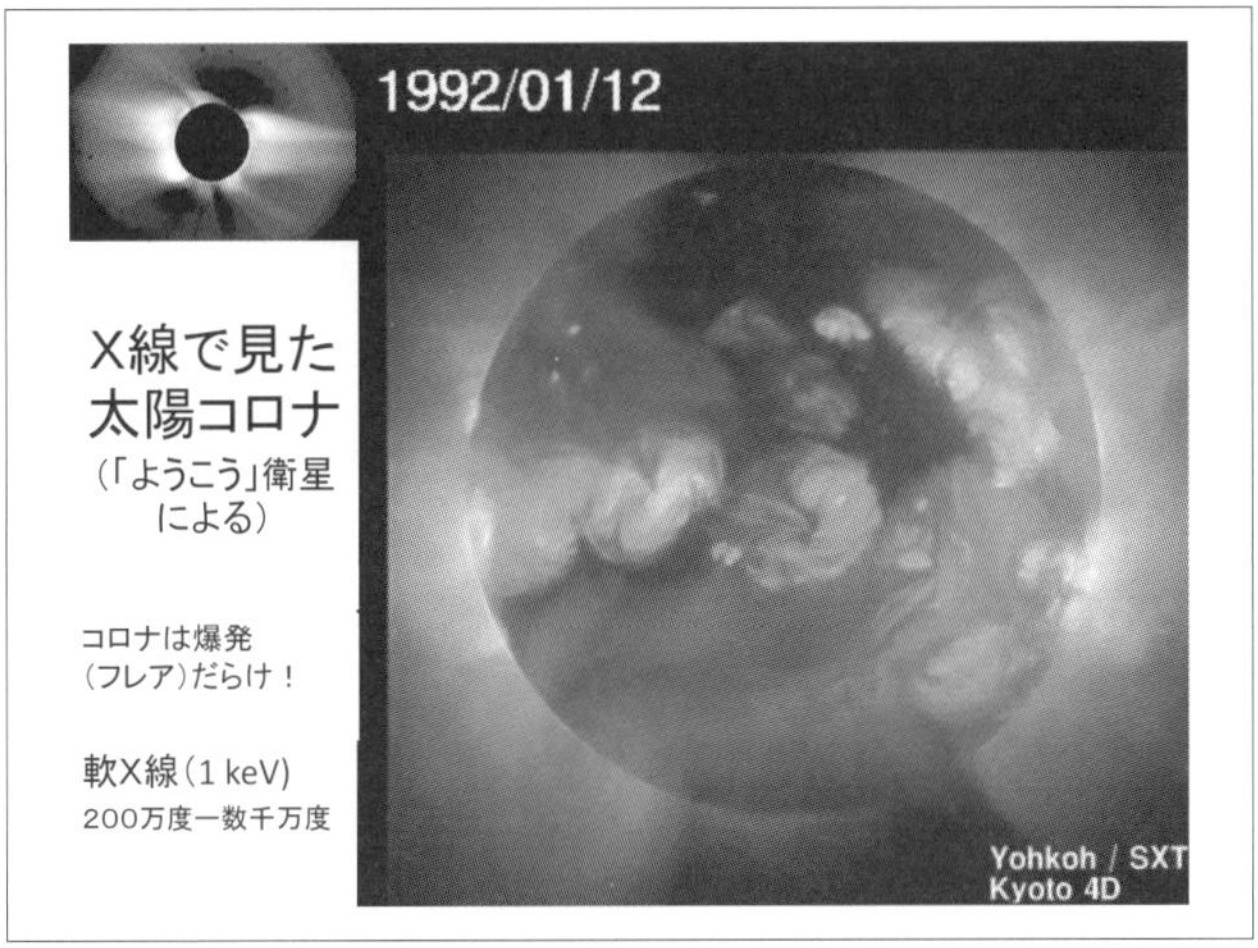
1992/01/12
X線で見た
太陽コロナ
（「ようこう」衛星
による）
コロナは爆発
（フレア）だらけ！
軟X線（1 keV）
200万度ー数千万度
Yohkoh / SXT
Kyoto 4D

図5

X線を出しているだけでも恐いのですけれども、フレアが起きると、ものすごく強いX線が大量に地球に飛んでくるのです。大気圏外に行く宇宙飛行士は、このX線をもろに浴びるわけですから、いかに危険な職業かというのが一瞬にしてわかりました。

太陽は宇宙の中では最も普通の平凡な星ということが知られているのですが、最も普通の平凡な星ですら、これだけ強い放射線、X線を出している。爆発だらけということは、ちょっと活発な星だったら、どれだけ大変かということもすぐにわかったわけですね。

地球に大きな影響を及ぼす太陽フレア

いかに太陽が激しく活動しているかということを、皆さんご理解いただけたと思います。もう一度説明しますと、大気圏外に行って、太陽の前に金属の円盤を置くとコロナが見えます。地上ではいくら

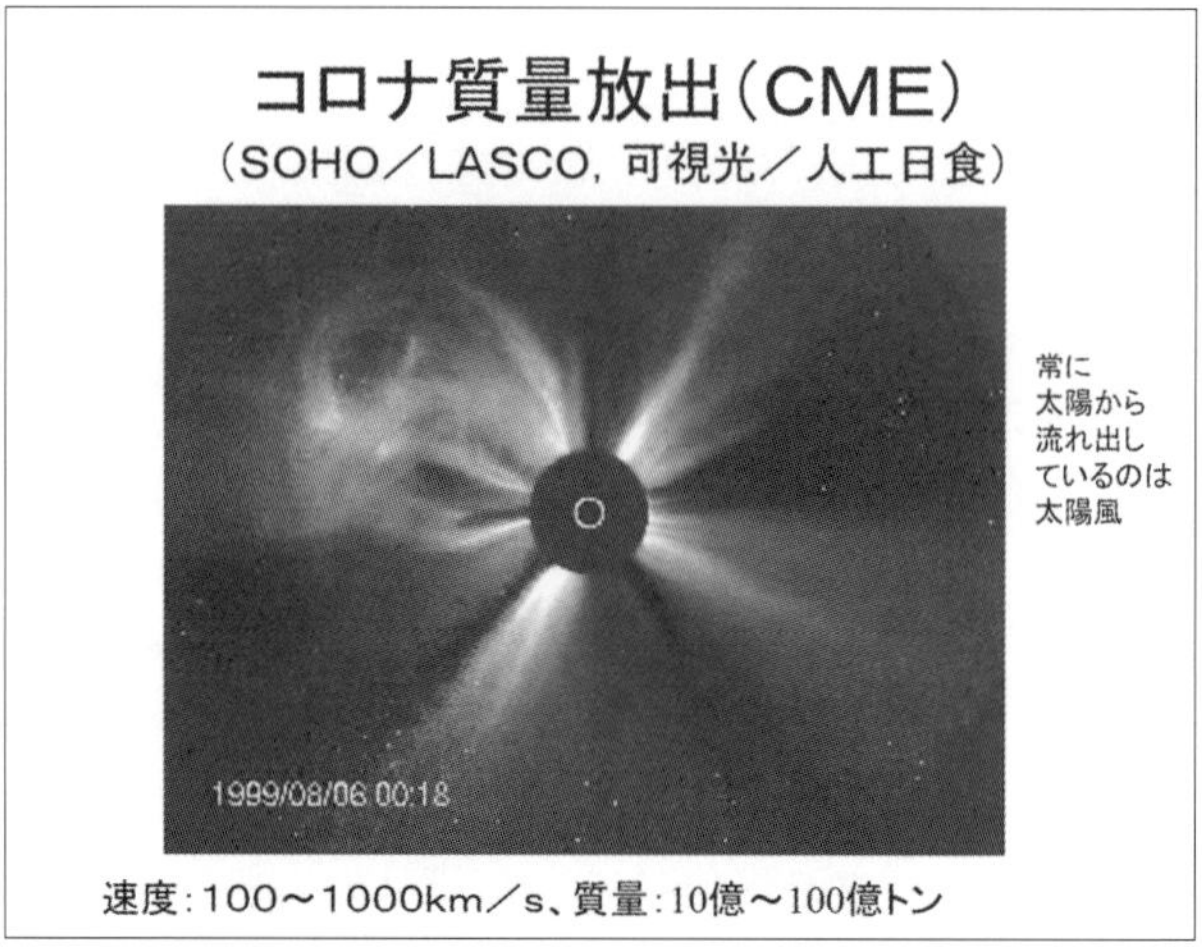
コロナ質量放出（CME）
（SOHO／LASCO, 可視光／人工日食）
常に
太陽から
流れ出し
ているのは
太陽風
1999/08/06 00:18
速度：100～1000km／s、質量：10億～100億トン

図6

太陽を隠しても、太陽の光が空気に当たって、空が光っていますからコロナも星も見えないのですけれども、宇宙に行くと空気がないので星も見えるわけです。コロナが流れ出す、これを太陽風と言います。爆発が起きなくても、実は太陽は地球に影響を与えているのです。それでオーロラも見えるのです。

　フレア、プロミネンス噴出の成れの果てが、コロナ質量放出あるいはCMEと呼ばれる現象です（図6）。映像を初めて見たとき、衝撃を受けました。太陽の一〇倍以上大きいガスの塊が、速いものでは秒速一〇〇〇キロメートルというスピードで飛び出してくる。皆さん、ピンときますか？　時速ではなくて秒速です。大阪から東京に行くのに一秒もかからないというスピードで飛び出してくるのです。こんなのが地球にぶつかったら、どうなるのだろうかと心配になったのですが、ぶつかったことがあったのです。

　それが二〇〇三年の一〇月です。太陽の真ん中付近で一四年ぶりに大爆発が起きまして、その爆風が

■太陽の脅威とスーパーフレア

地球を直撃したのです。朝日新聞の夕刊のトップを飾りました。

フレアの影響では、まず人工衛星の故障がいちばん多いのです。以前、「はやぶさ」も太陽のフレアで一度死にかけたのです。次に、船の航行システムが壊れる、電力網が寸断され北極圏では停電が起こった。そして通信障害が起こります。飛行機は目的地の空港と短波通信しながら飛んでいるので安全に運航できるのですけれども、フレアが起きると、突然、電波が届かなくなり、最悪、飛行機はいちばん近い空港に緊急着陸しないといけない。待っている空港のほうでは、飛行機が突然消えたので、ひょっとしたら落ちたのかもしれないとパニックに陥る。そういうことがときどき起きています。飛行機は乗員、乗客が高レベルの放射線を浴びる可能性がある。一万メートルの上空を飛んでいる飛行機は、大フレアがきたときに放射線を浴びるおそれがあるのですね。

私、この日の夕方に家に帰りましたら、家内が、「お父さん、今日はニュースで一日中、太陽フレアのことをやっていた」と言うのですね。それまで私が太陽フレアの研究をやっていることは、全く理解されなかったのですけれども、このときばかりは太陽フレアの仕組みを解明したら、こういう被害が事前に予測できて、社会のためになるということを初めて理解してもらえました（笑）。

先ほど停電が起きると言いましたが、その有名な例を紹介します。

一九八九年三月に太陽で大フレアが起きたことによって、地球に影響が伝わって磁気嵐というのが起きたのですね。これはオーロラを伴う現象で、地球の磁気が変動するのですけれども、そのために、雷みたいなものがカナダのケベック州の変電所の変圧器に流れ込んで、限界を超える電流がきたのでシステムがダウンしてしまい、大停電が起きました（図7）。六〇〇万人の人が九時間、電気を使えなくなっ

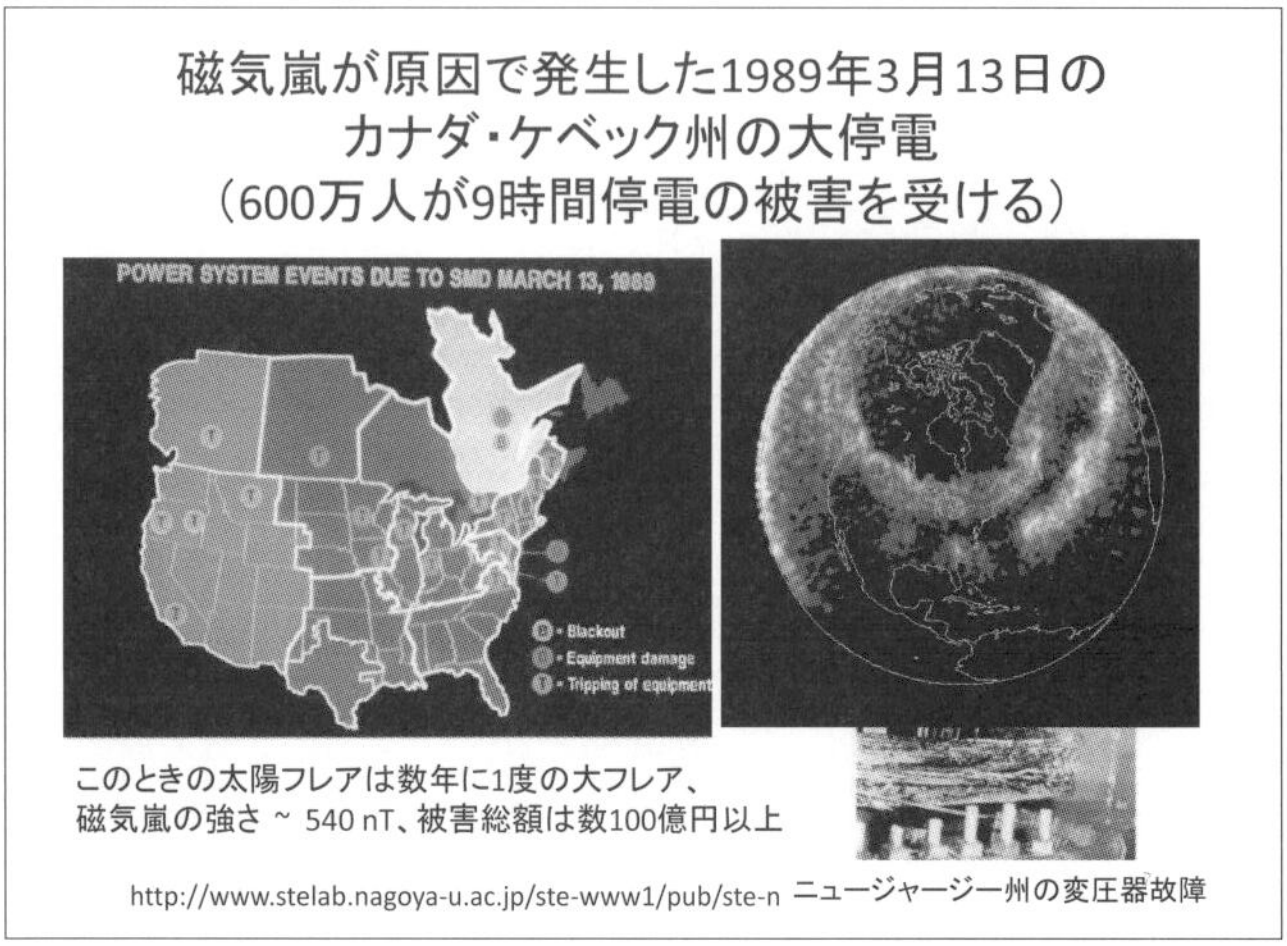
磁気嵐が原因で発生した1989年3月13日の
カナダ・ケベック州の大停電
（600万人が9時間停電の被害を受ける）
POWER SYSTEM EVENTS DUE TO SMD MARCH 13, 1989
= Blackout
= Equipment damage
= Tripping of equipment
このときの太陽フレアは数年に1度の大フレア、
磁気嵐の強さ ~ 540 nT、被害総額は数100億円以上
http://www.stelab.nagoya-u.ac.jp/ste-www1/pub/ste-n
ニュージャージー州の変圧器故障

図７

たのです。また、米国ニュージャージー州では変圧器に突然大電流が流れ込んだので焼け焦げてしまった。実はこの変圧器は原子力発電所の変圧器だったので、危なかった。幸い大事に至らなかったのは本当にラッキーでした。

このときのオーロラを宇宙から見ると、リング状に光っているのがわかります。アメリカ合衆国全体でオーロラが見え、フロリダ半島でもオーロラが見えています。全米でいろんな被害があり、このときの被害総額がなんと数百億円以上。これは特別大きいフレアではなくて、数年に一回程度のフレアですから、二年後、三年後でも、十分起きる可能性がある。今は、この時代よりももっと社会が発展していますから、どんな被害が起きるのか。考えるとちょっと恐いですね。

なぜ太陽でフレアが起きると、地球でオーロラが起きるのでしょうか。フレアにより大量のガスが噴出して、一日、二日、三日経つと、地球に飛んできます。これはいったん地球の磁気圏が防いでくれるのですけれども、当たり方が悪いとそこに穴が開いて、地球の北極、南極にエネルギーが注ぎ込まれます。そこで光るのがオーロラです。さっきも言いましたが、オーロラはきれいですけれども、実はオーロラには大電流が流れています。ですから、このオーロラが光っている領域全体では雷が同時に落ちたような被害が起きるのです。

実は二年前に一一年ぶりの大フレアが発生しました。これ、ちょっとニュースになったのでご記憶の方がおられるかもしれません。そのとき京大の理学部の学生諸君が、「オーロラを探訪したい。見て楽しみたい」と言ってきました。彼らはなかなか熱心な学生でして、「楽しむだけでなく、やはりちょっと研究のようなことをしたいので、アドバイスしてください」というので、いろいろアドバイスをしていたわけです。それが実ったのでしょうか、非常にラッキーなことに、その大フレアに遭遇しまして、オーロラの撮影に成功したのです。学生たちはその映像を私に送ってくれました。それを見て、いかにオーロラが激しく変化するかというのがよくわかったのです。普通、オーロラの映像には人の声は入っていないので、激しく動くオーロラの映像を見ても、「早回しにしているだけだろう」と思っていたのですけれども、学生たちが送ってくれた映像には、学生たちの「やばい、やばい」といった声が入っているのですね。そこではじめて、「早回しにしているのではなく、本当に激しくオーロラが動いているのだ」ということを知りまして、ちょっと感動しました。

日本はオーロラが見えない国なので、今まで被害はなかったのですが、九四年にヨーロッパのリレハンメルで冬季オリンピックが開かれました。そのとき、NHKが実況中継していたのですけれども、突然、中継が中断して、NHKに苦情の電話が殺到したのです。しかし、これはNHKが悪かったのではなくて、

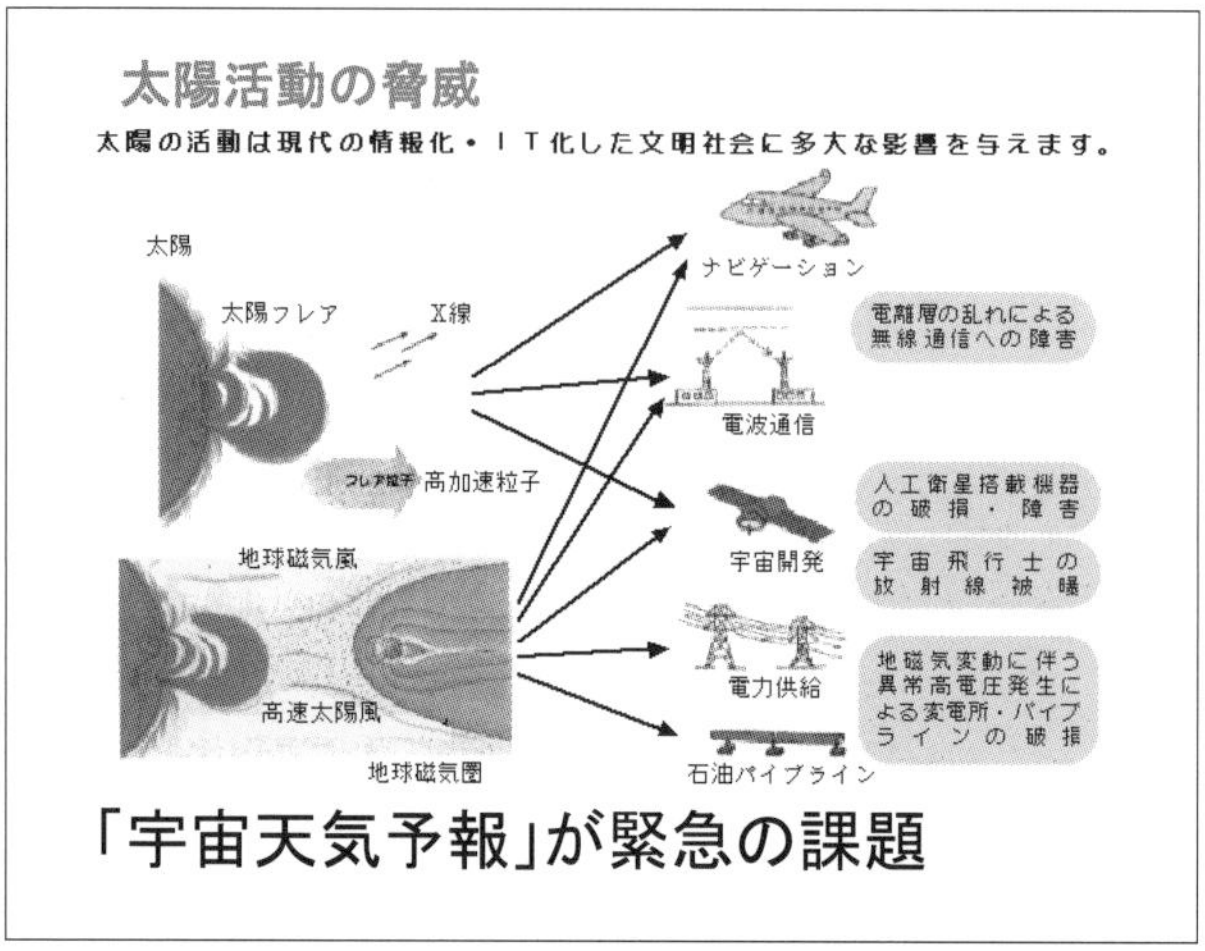
太陽活動の脅威
太陽の活動は現代の情報化・ＩＴ化した文明社会に多大な影響を与えます。
太陽
太陽フレア
X線
フレア粒子
高加速粒子
地球磁気嵐
高速太陽風
地球磁気圏
ナビゲーション
電波通信
宇宙開発
電力供給
石油パイプライン
電離層の乱れによる無線通信への障害
人工衛星搭載機器の破損・障害
宇宙飛行士の放射線被曝
地磁気変動に伴う異常高電圧発生による変電所・パイプラインの破損
「宇宙天気予報」が緊急の課題

図８

太陽が悪かった。人工衛星が故障したのですね。だんだん文明が発展して、日本でもこういう被害を受けるようになってきたわけです（図８）。

いまやインターネットなしでは生活できないし、電気なしでは生活できません。非常に便利なのですけれども、別の見方をすると、太陽フレアによって簡単に壊れてしまう、砂上の楼閣の文明をつくってしまったのです。大フレアというのは滅多に起きないので、ほとんどこうしたことに対しての備えができていないのです。カナダとか、アラスカとか、ヨーロッパは、実は着々とその対策をとって準備しています。こういう研究をやっていると、海外からすぐに招待されて、行くわけですけれども、日本の政府から招待されたことは一度もありません（笑）。

私は本当に心配していまして、地上の嵐の天気予報と同じように、宇宙の嵐の宇宙天気予報が実は人類の緊急の課題になっているのですね。先ほども言いましたように、いろんな被害があります。このな

■太陽の脅威とスーパーフレア

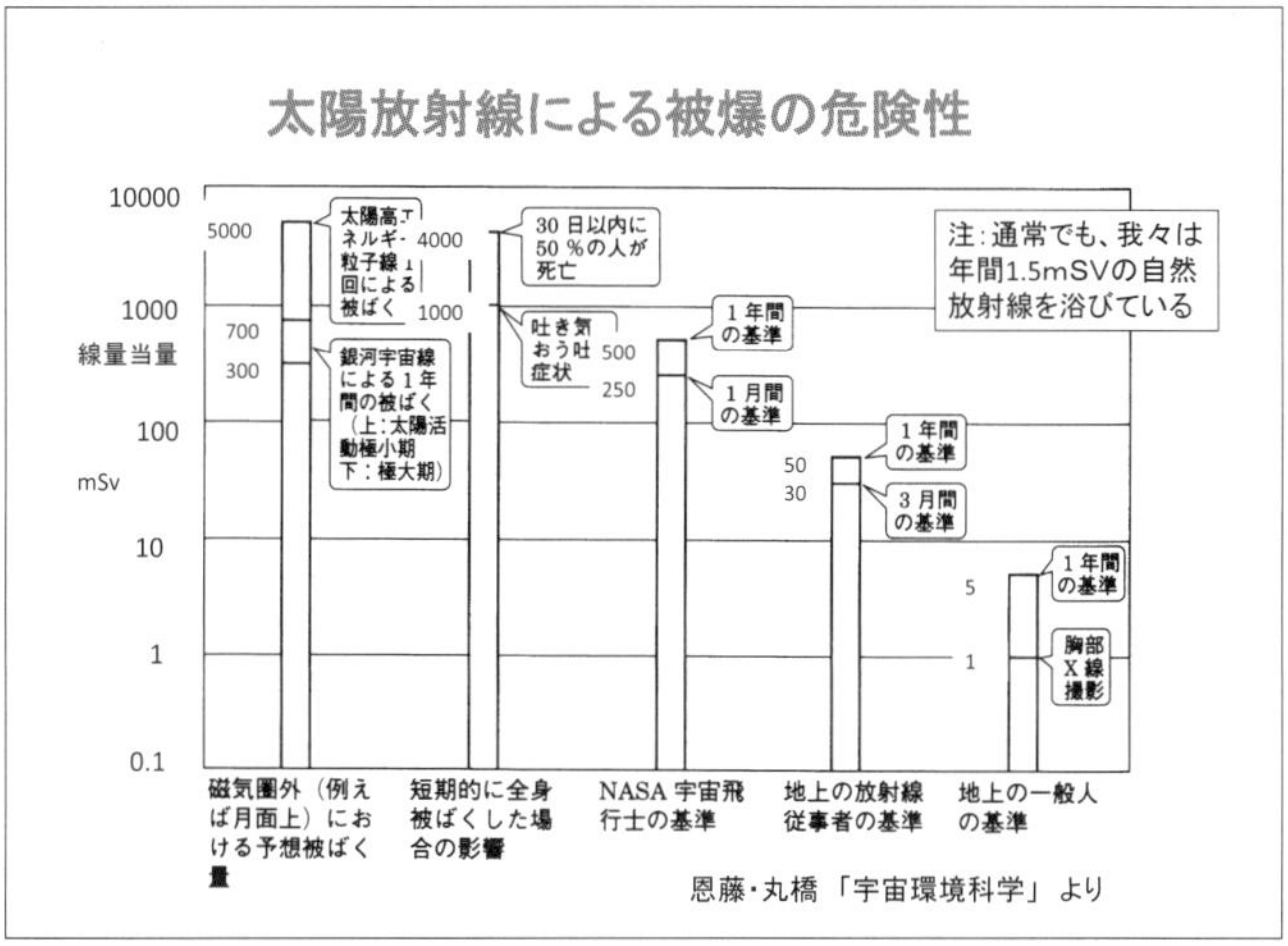

図9

かで私がいちばん心配しているのは、宇宙飛行士の放射線被ばくです。これは下手をすると人命にかかわりますので、ちょっと恐いなと思っています。

もう少し恐い話をしますと、太陽フレアからの放射線がどれくらい恐いのかというのを説明したグラフがあります（図9）。グラフの縦軸は放射線の強さです。人類の体に影響のある強さはミリシーベルトという単位で測ります。レントゲン撮影をすると、多い場合には一ミリシーベルトぐらい浴びます。これだけだったら心配しなくていいのです。我々、何もしなくても、実は地面と宇宙から放射線を浴びているのですね。日本では年間一・五ミリシーベルトぐらい浴びています。ただ、この医療放射線は一年間に五ミリシーベルト以内にしましょうという基準があります。

ところが原子力発電所の従業員は、年間五〇ミリシーベルト以内となっています。一〇倍も多いのですね。そうしないと仕事にならないのです。この辺はまだグレーゾーンで、どれだけ放射線を浴びると、どれくらい癌になりやすいかというのは、いろいろ裁判も起きたりしています。

いちばんびっくりしたのはNASAの宇宙飛行士ですね。なんと一年間の基準が五〇〇ミリシーベルトです。五〇〇ミリシーベルトを超えた放射線を短時間で浴びると、もう明らかな放射線障害が発生する。そのぎりぎりまで浴びていいとしているのですね。浴びていいとしないと宇宙に行けない。もちろん大半の宇宙飛行士の方は無事に帰ってこられるのですけれども、その八倍の放射線を短時間に浴びると、これはもう致死量の放射線で、半分の人が亡くなります。こうしたことは全然ないのかというと、一〇年に一回の大フレアが起きたときに船外活動をしていると、これぐらいの放射線を浴びるおそれがあるということを知りまして、恐いなと思いました。宇宙飛行士はいつも宇宙ステーションにいますし、彼らはしょっちゅう船外活動をしている。いつ事故が起きても不思議ではない。それが現代なのです。

スーパーフレアの探査と発見

心配なのは、巨大フレアの発生頻度です（図10）。一〇年に一回が一〇〇年に一回になると、実はもっと大きなフレアになります。さらに一〇〇〇年に一回となると、さらに大きくなるのですね。X線強度が一〇倍になると発生頻度が一〇分の一になるという経験法則がわかってきました。これは地震とよく似ているのです。地震も、東日本大震災は一〇〇〇年に一回の大地震といわれて、ものすごく大きかったわけですね。でも、小さな地震だったら一週間に一回ぐらい起きている。これとほとんど同じような

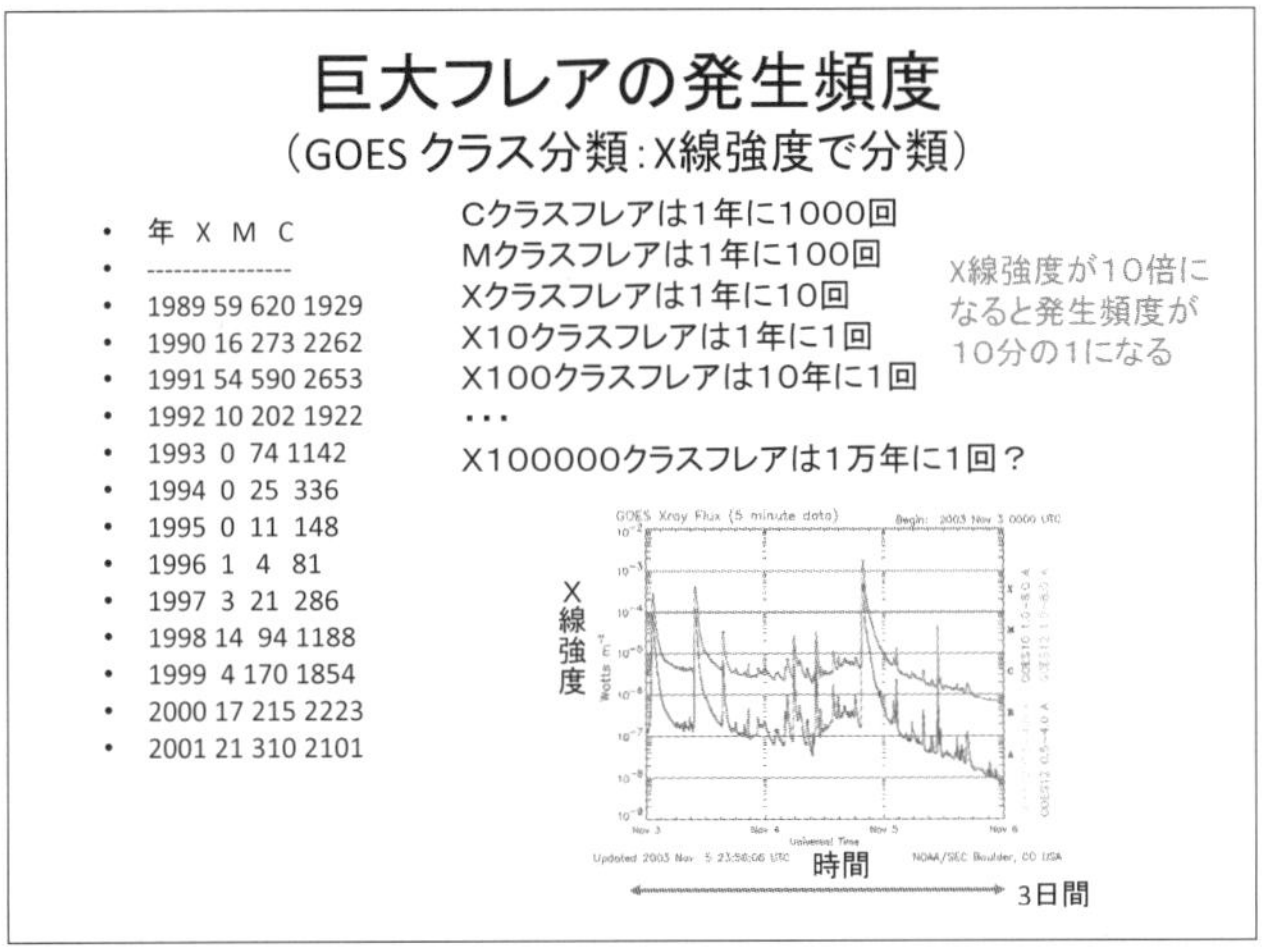
巨大フレアの発生頻度
（GOES クラス分類：X線強度で分類）
• 年 X M C
• ----------------
• 1989 59 620 1929
• 1990 16 273 2262
• 1991 54 590 2653
• 1992 10 202 1922
• 1993 0 74 1142
• 1994 0 25 336
• 1995 0 11 148
• 1996 1 4 81
• 1997 3 21 286
• 1998 14 94 1188
• 1999 4 170 1854
• 2000 17 215 2223
• 2001 21 310 2101
Cクラスフレアは1年に1000回
Mクラスフレアは1年に100回
Xクラスフレアは1年に10回
X10クラスフレアは1年に1回
X100クラスフレアは10年に1回
・・・
X100000クラスフレアは1万年に1回？
X線強度が10倍になると発生頻度が10分の1になる
GOES Xray Flux (5 minute data)
X線強度
時間
3日間

図10

法則が成り立っています。

ただ、フレアの観測はまだ始まって三〇年ぐらいしか経っていないので、そうしたことは今まで全くわかっていなかったのですね。考えてみると、実は地球が誕生して四六億年も経っている。今の法則がずっと成り立っていたとするならば、一億年に一回という、ものすごいフレアが起きていたのかもしれません。六五〇〇万年前に恐竜が絶滅した有力なメカニズムは、巨大隕石の衝突であるということですが、別の可能性として超巨大フレア、スーパーフレアがあったのかもしれない。

こういうことを最初は冗談半分で言っていたところ、古生物学の先生から、「柴田先生、それいいですね。真剣に研究してください」と言われました（笑）。どうしてですかと訊いたら、実は恐竜の絶滅以前に生物は四回、大絶滅していると。絶滅したのは超巨大火山とか、海流が変わったとか、気候変動とか、いろいろな説があります。しかし、まだよくわかっていないので、太陽が原因で生命が絶滅する可能性があるならば、それは生命の進化にとって重要な発見になるということなのです。

そこで天文学的なことを調べ出しましたら、なんと生まれたばかりの星は、現代の大フレアの一〇〇万倍もの強度のX線を出しているということがわかりました。つまり、四六億年前に太陽ができた頃は、さっきご覧いただいた太陽フレアの一〇〇万倍もの強度のフレアが発生して、大量の放射線が地球を襲っていたわけです。よくぞ地球上の生命は生き延びてきました。ひょっとしたら、そういうことで絶滅を繰り返して進化が早まったのかもしれない。あるいは、DNAの進化が放射線で早まったのかもしれない。とにかく、今起きたら、これは恐ろしい話です。

しかし、天文学的にわかってきたこととしては、太陽は生まれた頃、今より速く回っていたのですね。現在は一〇分の一のスピードに遅くなっているので、そういう星では大きなフレアが起きないから安心していいかなと思っていたのですが、八年前に驚くべき発見があったのです。太陽とよく似た星、太陽型星で、太陽のフレアの一〇〇倍、一〇〇〇倍のスーパーフレアが発見されたのです。

最大級の太陽フレアの一〇〇〇倍のスーパーフレアは、一万年に一回の頻度で起きるのです。これを証明しようと思ったら、一万年観測する必要があるのですけれども、ガリレオ以来、望遠鏡観測は四〇〇年しかやっていないので、全然、データが足りません。

太陽を一万年観測するにはどうすればいいか（図11）。銀河系のなかには太陽とよく似た星、太陽型星が何百億とある。そのうちの一万個を取り出して、一年間観測したら、太陽を一万年観測したのと同じデータが得られる。最初、望遠鏡一〇〇個ぐらいで観測しようと思って、文部科学省に予算申請した

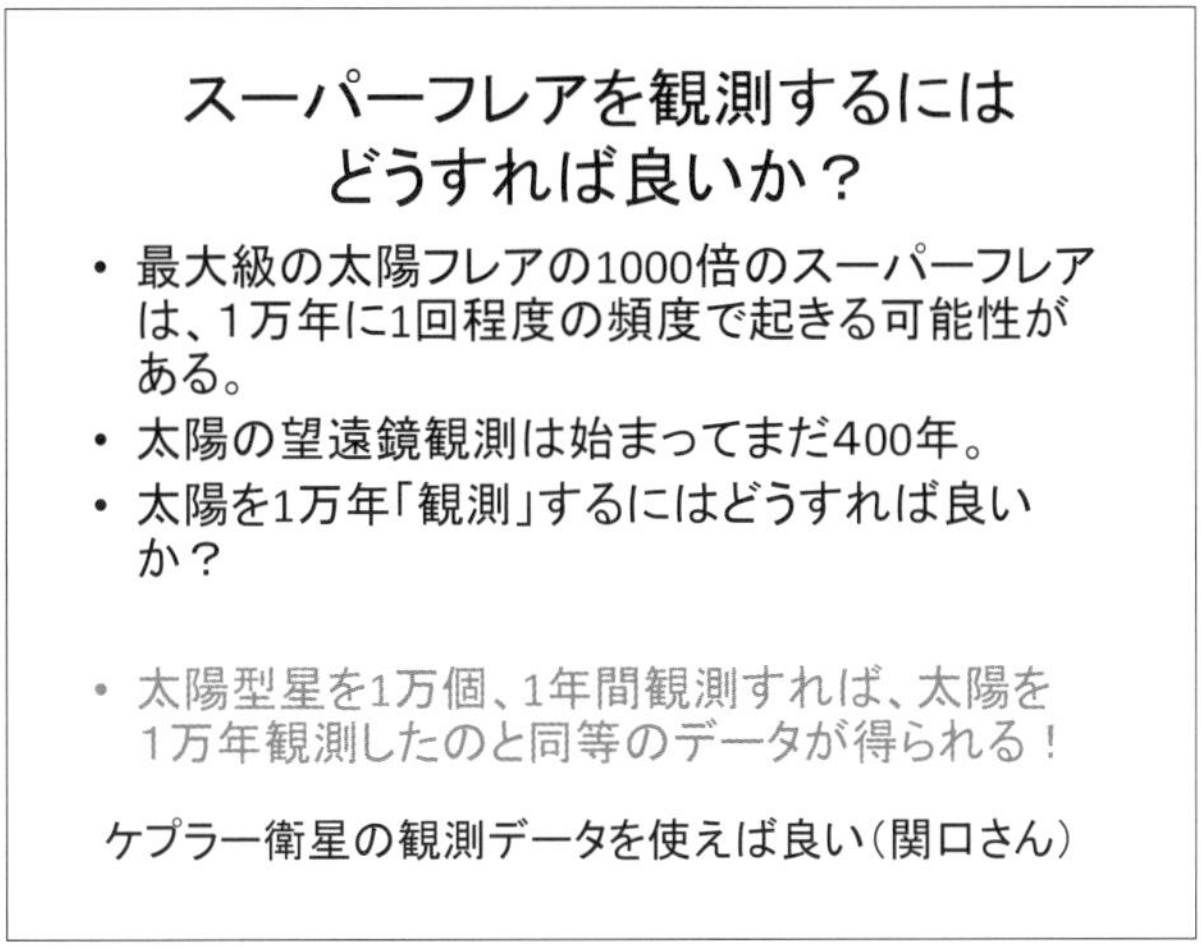
スーパーフレアを観測するには
どうすれば良いか？
• 最大級の太陽フレアの1000倍のスーパーフレアは、1万年に1回程度の頻度で起きる可能性がある。
• 太陽の望遠鏡観測は始まってまだ400年。
• 太陽を1万年「観測」するにはどうすれば良いか？
• 太陽型星を1万個、1年間観測すれば、太陽を1万年観測したのと同等のデータが得られる！
ケプラー衛星の観測データを使えば良い（関口さん）

図11

けれども、全然、予算が通らなかったのです。京大はちょっと予算をとるのが下手な大学なんです（笑）。

でも別の目的で、そうしたデータをとっている可能性はないかといろんな人に相談しましたら、ケプラー衛星という太陽系外惑星観測衛星が、白鳥座の一角の一六万個の星をいつもモニター観測していることがわかったのです。しかし、一六万個の星の半分、八万個が太陽型星で、その観測データを解析するのは人手が必要になります。

これは天文学の常識では起こらない非常識な話だったので、だれも協力してくれなかったのです。そこで、ふとひらめきました。京大の一回生だったら、暇を持て余しているので、やってくれるのではないかと（笑）。私は、物理の授業をやっていたので、「だれか一緒にスーパーフレアを探しませんか、どうせ君ら暇でしょ」と言ったら、五名の学生が集まりました。彼らは天文学の常識はひとつも持ち合わせていなかったので、真剣に探してくれたのです。

そうしたら、なんと最終的に一四八の太陽型星で、三六〇ぐらいのスーパーフレアが見つかりまして、ついに世界的な雑誌『nature』に出たのです。このとき彼らは三回生になっていました。

このことはあらゆる新聞やテレビで報道されました。京都新聞には、「京大生の力、輝く成果」という大きな見出しの記事が写真付きで掲載されました。このうちの二人は顔がそっくり。実は双子の兄弟で、この二人が二年後に、二人揃って、京大の宇宙物理学科の大学院に入ったのです。京大宇宙物理学科が始まって以来、初めての双子の兄弟で、京大の宇宙兄弟として売り出した（笑）。彼らはその後も活躍しまして、二人は博士号をとり、なんと海外学振で奨学金をもらって、一人はヨーロッパ、一人はアメリカで活躍しています。

双子の学生の博士論文では、本当に太陽とそっくりな星でスーパーフレアが起きているのかどうかということを非常に緻密に検証したら、その可能性は否定できないということを結論付けてアメリカ天文学会で発表したところ、世界中に報道されました。六〜七年かけてついに世界が本気になって、この問題を取り上げるようになったのです。

スーパーフレアと人類の未来

スーパーフレアが起こっても、生命が絶滅するほどの激しさはないので、皆さんそれほど恐がらなくてもいいと思うのですが、影響としては、まず全ての人工衛星は壊れます（図12）。だから、我々はそのことを知って、人工衛星を運用しないといけません。それから宇宙飛行士はもちろんのこと、飛行機

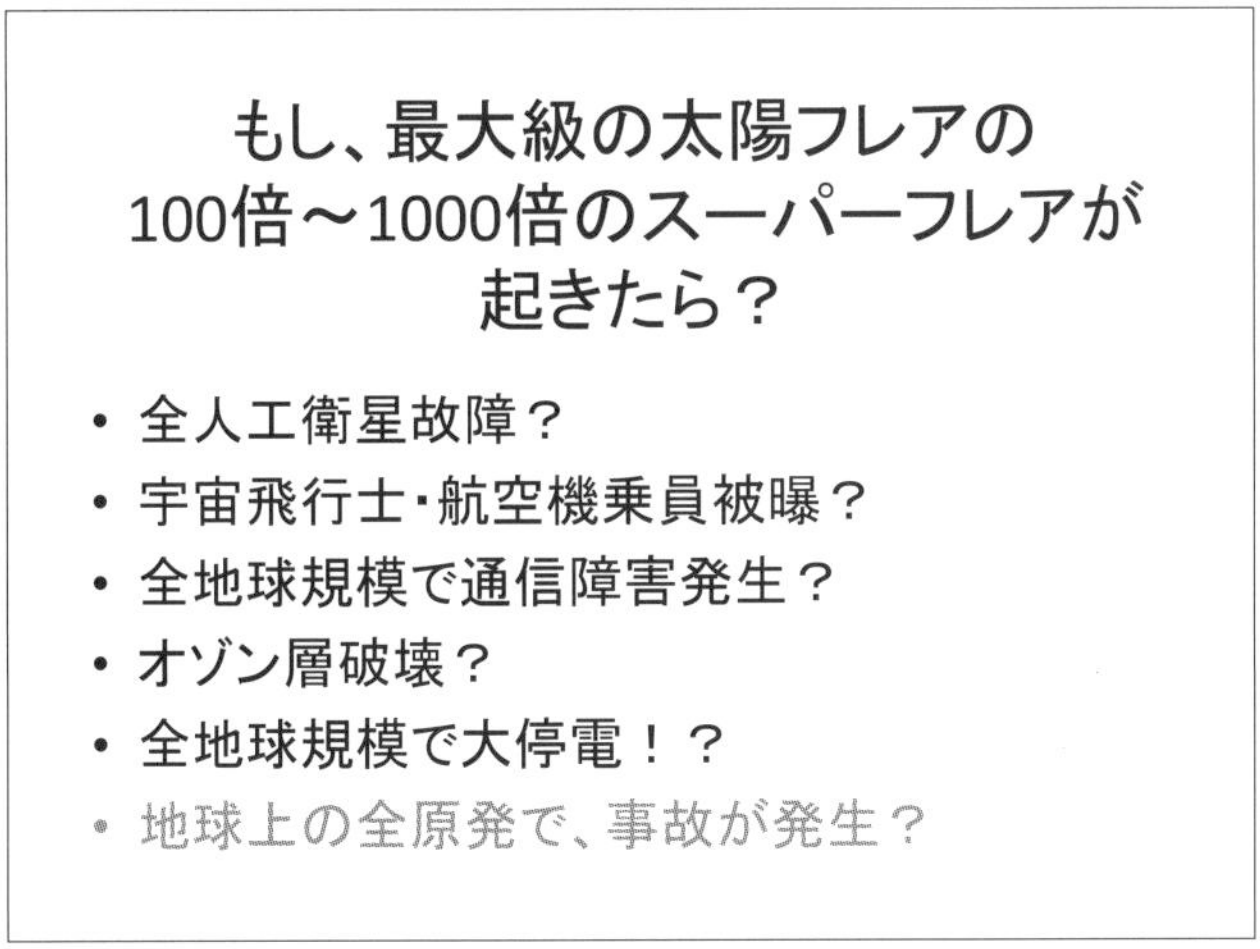
もし、最大級の太陽フレアの
100倍〜1000倍のスーパーフレアが
起きたら？
• 全人工衛星故障？
• 宇宙飛行士・航空機乗員被曝？
• 全地球規模で通信障害発生？
• オゾン層破壊？
• 全地球規模で大停電！？
• 地球上の全原発で、事故が発生？

図12

に乗っていても深刻な放射線被ばくを起こす恐れがあります。ときどき、これを避けるのにはどうすればいいのですかと訊かれることがありますけれども、飛行機に乗らなければいいのです（笑）。

　また、全地球規模で通信障害が発生し、インターネットも止まると思います。だから止まらないような仕組みを考えなければいけないですね。オゾン層が破壊されると、紫外線が直接、地上に届いて、人はがんを発症します。全地球規模で大停電が起きます。ただ、これは防ぐのは簡単なのです。計画停電を二～三日やって我慢すれば、数年間の停電は防げるのですね。だから、これはもう政治家の方は、絶対知ってもらわないといけないですね。政治力は重要です。地球上のすべての原子力発電所がメルトダウンする恐れがある。こう考えると、やはり原子力発電は恐いなと思います。

　今すぐに我々が絶滅するようなスーパーフレアが太陽で起きる可能性はないのですが、文明にとって大災害となるスーパーフレアは一〇年後にだって起きる可能性はあるのです。その場合、我々の文明は無事に存続できるのだろうか。それどころか、我々は、その放射線が荒れ狂う宇宙空間に進出することができるのだろうか。世界では宇宙軍なんてつくろうとしているが、もうとんでもない話だと思います。平和が絶対に必要です。太陽や宇宙を謙虚に観測して、人類全体が生き延びる方策を考えなければいけないということだと思います。

どうもご清聴有り難うございました。

講演Ⅱ

私たちは類人猿とどこが違うのか

更科　功・東京大学総合研究博物館研究事業協力者・
東京大学大学院講師

【略歴】
一九六一年　東京都生まれ
東京大学教養学部基礎科学科卒業、民間企業に勤務後、大学に戻り、東京大学大学院理学系研究科博士課程修了
徳島大学研究員、筑波大学研究員等を経て現在に至る

【著書等】
『絶滅の人類史』ＮＨＫ出版新書　二〇一八年、『進化論はいかに進化したか』新潮選書　二〇一九年　ほか

はじめに

更科功と申します。本日は、このような非常に意義深い講演会にお招きいただき本当にありがとうございます。今日は、たった一つのことをお話ししたいと思います。一つのことというのは、人類は平和な生物だということです。もう結論を申してしまいましたので、終わってもよいのですが（笑）、まだちょっと時間が余っていますので、もう少しお話しをしたいと思います。

講演のタイトルは、「私たちは類人猿とどこが違うのか」ですが、お話するのは、まず人類とは何かという話です。これは哲学的な話ではなくて、分類的な話でございます。次に人類と類人猿はどこが違うかを話していきます。違うところのひとつは犬歯、牙ですね。牙があるか、ないかというのが類人猿と我々の違いなので、それについてお話しをして、最後に先ほど申した「人類は平和な生物だ」という結論までいきたいと思います。

人類とは

まず人類についてですが、類人猿という猿がいます。猿というのは、大体、尻尾があります。しかし、尻尾のない猿というのがいて、それを類人猿と言います。類人猿には大型と小型がいて、小型はテナガザルの仲間です。大型は大きくチンパンジー、ボノボ、ゴリラ、オランウータンの四つに分かれます。

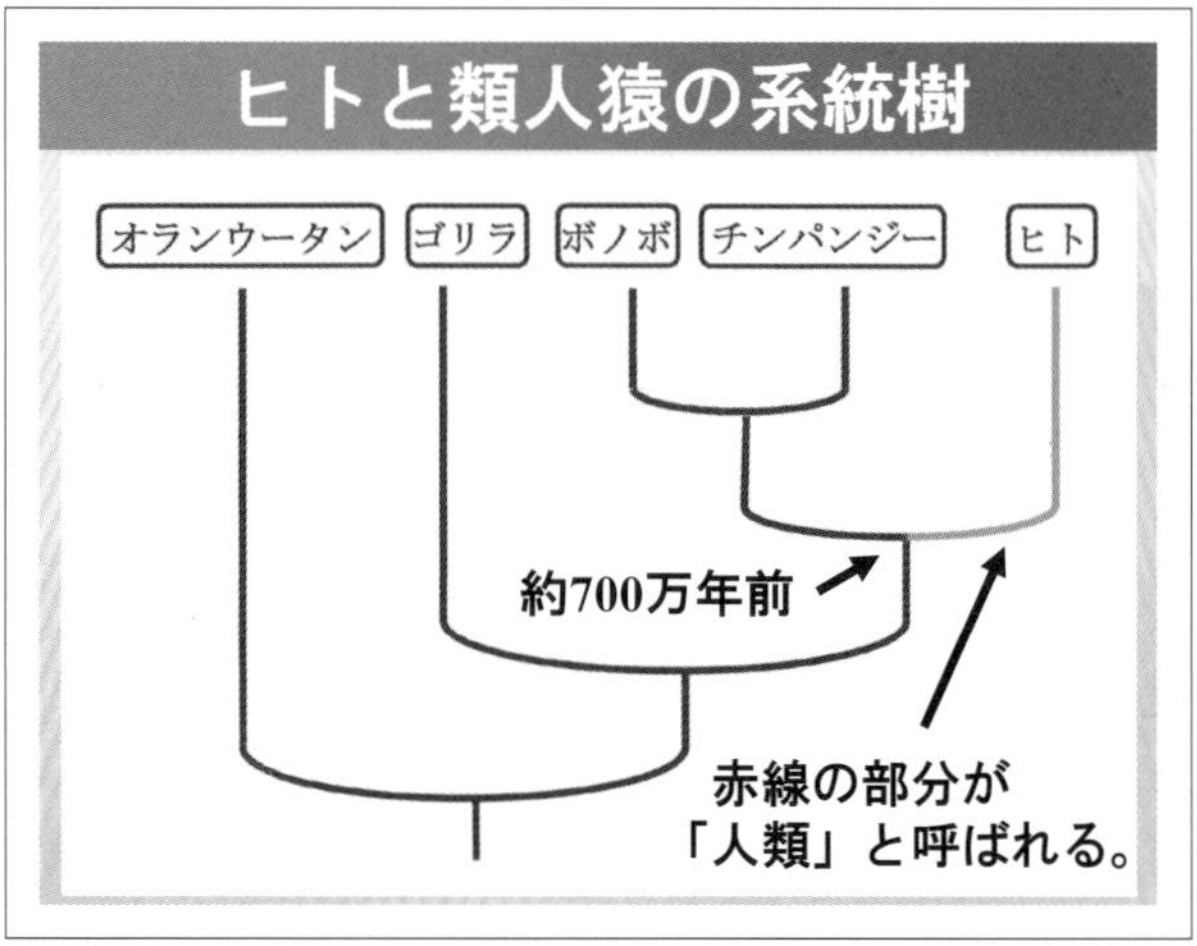

図1

ボノボは、昔はボノボとはあまり言いませんでした。昔は、ピグミーチンパンジーと言われておりました。アフリカのコンゴ川を境に、どうもチンパンジーは大きく二つの種に分けられるということになって、南のほうをピグミーチンパンジーというようになりました。最近はいろいろ社会的な問題とかもあって、ボノボと学名で呼ぶようになっております。ともあれ、大きく分けるとこの四つが大型類人猿といわれます。

それで我々は、生物の種としては、学名はホモ・サピエンス、和名、日本名はカタカナでヒトと言いますが、私たちヒトと類人猿の進化の道（系統樹）は、いちばん最初はみんな同じ種でありました。最初にオランウータンが分かれて、それからゴリラが分かれて、次に私たちヒト、最後にボノボとチンパンジーが分かれるという順番で進化してきたことがわかっております。私たちとチンパンジーやボノボが分岐したのが約七〇〇万年前だといわれております（図

1）。

この図を見ていただくと、チンパンジーと我々が分かれてからは一本の線で表現してありますが、これはちょっと簡略化しております。実際には、一本の線ではなくて、この線の中には様々な人類の種が存在したことがわかっています。人によって数え方は多少違うのですが、現在のところ大体二五種ぐらいの人類が見つかっております。実際には一〇〇種ぐらいはいたのではないかと私は思っておりますけれども、化石がなかなか見つからないものですから、それでも二五種ぐらい見つかっている。

ですから、チンパンジーと分かれてから現在に至るこの系統に含まれる生物はすべて人類といいます。それで今のところ、人類は二五種類ぐらい見つかっていますが、我々、ヒトはそのなかの一種であり、かつ、最後の一種でもあります。ほかの二四種はすべて絶滅してしまいました。今いるのは人類の中の一種、我々、ヒトだけということになります。

人類と猿人類はどこが違うのか

次に「人類と類人猿はどこが違うのか」についてですが、人類は七〇〇万年前にほかの類人猿と分かれました。では一体、ほかの類人猿と人類は何が違うのか。それはわりと明確で、大きな違いは二つです。我々と、チンパンジーやオランウータンのような類人猿との違いは二つ。一つは直立二足歩行をすることで、もう一つは犬歯が小さいことです。犬歯が小さいというのは、要するに牙がないと考えてくださって結構かと思います。直立二足歩行することと、牙がないこと。この二つが人類の特徴です。

それで一番目の直立二足歩行ですが、実は二足歩行する生物というのは結構います。ニワトリだって二足歩行しますし、恐竜も二足歩行します。でも直立二足歩行はしません。直立二足歩行というのは、足の真上に頭がくる。足の真上に頭がくるのを直立二足歩行といいます。これをするのは人類だけで、例えば、チンパンジーでも直立二足歩行することはできません。直立二足歩行は、跳んで着地をしたときに、あまり頭に衝撃を受けません。それはなぜかというと、背骨がS字状にカーブしているからです。背骨がS字状にカーブしていないと、安定して直立できないことがわかっております。チンパンジーの背骨はカーブが一つで、S字状になっておりませんので、安定した直立二足歩行はできないのです。無理やりチンパンジーの頭をぎゅーっと持って真っ直ぐにしても、すぐにぱたっと戻ってしまうのですね。チンパンジーは、必ず頭よりお尻が後ろに出る。したがって、足の真上に頭がこない。こういう体勢しかとれません。直立二足歩行するのは人類だけなのです。

牙があれば類人猿、なければ人類

この直立二足歩行のお話はこれでおしまいであります。今日はもう一つの、犬歯が小さいことについて話していきたいと思います。

犬歯が小さいことも人類と類人猿の非常に大きな違いのひとつで、全く犬歯の大きさが違います。類人猿は、ゴリラでも、オランウータンでも、チンパンジーでも、ボノボでも、犬歯、つまり牙が非常に大きいのですね。ところが人類には牙が小さいという表現ですら足りない。もう牙がない。人類には牙はないのです。全くない。これはものすごく明確な特徴で、牙のあるなしで人類、類人猿はきれいにはっきりと分かれます。素人が骨を見た場合は、直立二足歩行よりもわかりやすいです。骨を見ればわかります。触ればわかります。牙がなければ人類、牙があれば類人猿です。

類人猿にはすべて牙があるのに、そこから分かれた人類はなぜ牙が小さくなったのか。これについては、以前は、このように考えられていました。人類は直立二足歩行するようになったことから、両手が空きます。この空いた両手で何をするか。武器を持ったと考えたのですね。それで武器を持てば、武器で相手を殴ったり、殺したりできますから、牙は要らないのです。だから牙がなくなったのだというのが以前の有力な説でした。

■私たちは類人猿とどこが違うのか

なぜそういう説が広まったかをお話しします。有名なアウストラロピテクスという化石人類を発見したレイモンド・ダートという人類学者がおりました。もう亡くなりましたが、二五種いる人類の中の一部であるアウストラロピテクスという化石人類を見つけたことは非常に大きな業績です。そのレイモンド・ダートは、アウストラロピテクスと一緒に見つかったヒヒの頭の骨が凹んでいるのを見つけました。そばには二五種いる人類の中の一部であるアウストラロピテクスという化石人類の骨もある。その近くにカモシカの骨もあったので、アウストラロピテクスがカモシカの骨でヒヒの頭を殴って凹ませたのだろうという説を唱えました。昔の人類は骨でヒヒの頭を殴ったと考えたわけですね。

その後、ヒヒだけではなくて、アウストラロピテクスの頭が凹んだ化石も見つかったので、そこでダートはこう考えたわけです。アウストラロピテクスは骨を持ってヒヒの頭を殴ったし、自分たちと同じ仲間であるアウストラロピテクスの頭も殴った。つまり人類同士でも骨で戦ったと考えたのです。

まとめてみますと、レイモンド・ダートの説としては、人類は捕食者として——捕食者というのは、ほかの動物を生きたまま食べる動物を捕食者といいますが——武器を使い始めた。ヒヒを殴って、ヒヒを食べたと。さらに、仲間への攻撃、同じ人類に対しても、武器を使って戦うようになったと。そういうふうにレイモンド・ダートは考えたわけです。

しかし、レイモンド・ダートは科学者でありますから、あまり口が上手くありません。魅力的な語り口で社会にアピールする力はあまりない。もちろん学会のなかは別ですけれども、社会一般にはさほど影響はなかったのですが、ロバート・アードレイという劇作家がその説に非常に感銘を受けました。ロバート・アードレイは劇作家ですから、口が上手いのですね。それで彼は、このダートの説をそのままというよりは、もう少し発展させて、人類というのは本質的に残酷な生物であると。だから人類の歴史というのは殺戮と闘争に満ちた血塗られた歴史が人類の本質であるという内容の本を書いたのです。それが『アフリカ創世記』（筑摩書房、一九七三年）です。この本は、結構ベストセラーになってしまったのですね。なってしまったということもないですけれども（笑）。

それで、アードレイの説は、ダートとだいたい同じですけれども、人類は捕食者として武器を使い始め、ヒヒを殴って食べてしまった、仲間への攻撃にも武器を使い始め、人類同士でも争うようになった。ちょっと付け加えて、それに、武器を使わなければ、犬歯が小さい人類は——ここで犬歯が小さいことの説明が出てくるのですね——草原で生き延びることができなかった。武器を使ったから、牙が小さくなったんだよというのをはっきり言ったのが、別に科学者ではないロバート・アードレイで、これが、結構、アメリカとかでは人気が出たのです。

そして人類というのは残酷な生物だという考えを世界中に広めるきっかけになったのが『二〇〇一年宇宙の旅』という映画でした。私自身、この映画を観て、そういう説が真実なのだろうと考えた記憶があります。

■私たちは類人猿とどこが違うのか

『二〇〇一年宇宙の旅』というのは大ヒットしました。これはロバート・アードレイの考えをもとにつくった映画です。映画を観た方は覚えておられるかと思いますが、映画の最初に人間か類人猿なんかが、モノリス（一枚岩）みたいなものから天啓、啓示を受けて骨を持ち、その骨で草食動物を殺すのみならず、仲間を殺すのですね。仲間を殺したときにものすごく嬉しそうに笑って、その骨を空中に放り投げると、くるくるっと空中に上がっていって、宇宙空間まで骨が飛んでいって、それが宇宙船になるという、人類は武器を使って文明を発展させたというメタファー（隠喩）だと思いますが、こうしたシーンで始まる非常に印象的で楽しい映画です。この映画で、人類は武器を使ったから牙が小さくなったというロバート・アードレイの説は全世界に広まったと言ってよいかと思います。

ところで、そうこうしているうちに、大本のレイモンド・ダートの説が誤りだということがわかりました。レイモンド・ダートは、ヒヒやアウストラロピテクス自身の頭の骨が凹んでいたのは、アウストラロピテクスが骨で殴ったためと考えましたが、そうではなくて、よく調べてみたら、穴がヒョウの歯型に一致したり、洞窟が崩れたりした証拠が出てきたので、どうもヒョウに食べられたり、洞窟が崩れたりしたためであって、狩りに骨を使ったりはしていない。そもそも別の研究でアウストラロピテクスは草食で肉を食べていなかったことが明らかになって、そもそも狩猟なんかしていない。骨でほかの動物を殴って、食べたりしていないということがわかって、レイモンド・ダートの説は否定をされました。

大本の説は否定されてしまったのですけれども、アードレイ、キューブリックの流れはそのまま存続して、そういう意見は広がってしまいました。それで現在でも、結構、人類というのは血塗られた歴史を持っている、人類というのは好戦的で武器を使うのが好きなのだ、みたいなイメージはわりと広がっているのではないかなと思います。

牙は動物を殺すための道具

では類人猿は、牙を何に使っているのでしょうか。チンパンジーとかは何に使っているのかを考えると、犬歯が非常に大きいのです。『狼男』という映画があります。私、そういうホラー映画が大好きなので、オリジナルの『狼男』とかの映画を持っておりますが、オリジナルの『狼男』の牙よりも、チンパンジーの牙のほうが全然大きいです。狼男の牙というのは、これの三分の二ぐらいですね。狼男よりチンパンジーのほうがよっぽど怖い（笑）。

それで、この牙は何のためにあるかというと、やはりこれは動物を殺すための道具なのですね。チンパンジーは、ごくごく稀にコロブスなどの小さな猿を食べることがありますけれども、九〇数パーセント、基本、チンパンジーは植物食なのですね。ですから、ライオンや狼には牙がありますが、あの牙とは違うものです。ライオンや狼は獲物を捕るために牙がありますが、チンパンジーは基本、植物食ですから、ライオンや狼の牙とは違うのです。

では、何に使うのかというと、チンパンジーは同種内での戦いに牙を使います。チンパンジーは同種内での殺し合いが非常に頻繁です。私、たまに聞く迷信があって、同種同士で殺し合いをするのはヒトだけであるという話を何回か聞かされたことがありますが、それは真っ赤な嘘でありまして、同種同士で殺し合いをする動物というのは非常にたくさんいます。

チンパンジーも、そのなかのひとつで、同種同士の殺し合いというのを非常に頻繁にいたします。メスをめぐってオス同士が戦うのがいちばん多いのですが、ある研究では、チンパンジーの半分以上が一生に一回は仲間の殺害に関与しているというデータが出ています。これはちょっと多めに出ている研究なのですが、でもこれはオス・メスを合わせた値ですから、少なめの研究でも二〜三割は仲間の殺害に関与している。これは人間では考えられないことですね。

今日は、この会場に何名いらっしゃるか正確にはわかりませんが、二〇〇名ぐらいだとすれば、少なめにみても、五〇〜六〇人はやってしまったことがあるということですね（笑）。人間にはちょっと考えられない比率です。もちろん人間でもそういうことをする方はいますけれども非常に少ないですね。やはりチンパンジーみたいなレベルとは全然違う。

牙は生物最強の武器

ですから牙というのは、生物最強の武器であります。もし気持ちの良い日にのんびり散歩をしていて、トラなんかと出会ったら嫌です。何が嫌か。やはり、噛まれるのが嫌なのですね。殴られるのも嫌ですけれども、何が嫌って、なんと言っても噛まれるのが嫌なのだろうと思います。夏の日に気持ちよく海を泳いでいて、鮫なんかが現れたら、やはり何が嫌って、噛まれるのが嫌なのですね。牙が嫌、牙が危険なのですね。牙さえなかったら、かなり怖くない。ドーベルマンとかだって、口輪をしていたらあまり怖くないですね。でも、口輪を取った途端に怖くなる。

例えば、馬というのはライオンやトラよりも大きいですよね。非常に大きな動物です。私の息子が馬術部にいたのですが、馬術部にいた方はわかるかと思いますが、馬というのは時々、人を噛むのですね。一年に何回かは噛みます。それで、私の息子も馬に噛まれたことがあって、馬に噛まれたというから、面白くてちょっと見せてみろと言ったら、腹に大きな歯型があって、それで背中にもあるのですね。腹を噛まれて逃げようとしたら、背中も噛まれたらしいのですね。でも、うちの息子は別に病院に行ったわけでもありませんし、救急車で運ばれたわけでもありません。普通に電車に乗って帰ってきました。こんなに大きな歯でも牙がなかったら、相手をなかなか殺せないのですね。馬に噛まれたってたいしたことはないけれども、猫や子犬に噛まれたら、結構、場合によっては大怪我してしまいます。牙がいかにすごいかということがわかります。

でも人類には牙がありません。殺人事件が起こると、実際のことは知りませんがテレビドラマを観る限り、コロンボなんかは凶器を探すのですね。なぜ凶器を探すのか。人間は人間を殺す能力が基本的にないからです。チンパンジーだったら、凶器を探さない。噛んで殺したに決まっている。でも人間には殺す凶器がないのですね。

ある講演会で、私が人が人を噛んで殺したドラマを観たことがありませんと言ったことがあります。そうしたら、あとで質問がきて、私、観たことがありますという人がいたんです(笑)。私もちょっとうっかりしていました（笑）。007の『私を愛したスパイ』という映画では、ジョーズという役を二メートル一八センチの非常に大きな男優さんがやっていました。ジェームズ・ボンドが子どもみたいでしたからすごく大きいと思います。このジョーズは歯が鋼鉄で、磁石があると口が磁石にくっついてしまったり、あと瓦礫の下敷きになったりしても死なない。この007のジョーズは鋼鉄の歯をもって人を殺しますけれども、一応、これは人間ではないということでちょっと許していただきたいと思いますが、一応、人間には基本、噛んで人を殺す能力はないと言うことですね。

一夫一妻だと牙は小さくなる

人類は平和な生物だということとは、つまり人類は牙が小さくなり、無くなったということで、これは牙を使わなくなったからですが、落ち着いて考えるとなかなか感慨深いものがあります。というのは、進化というのは一〇年や一〇〇年で起こるものではありません。ものすごく莫大な時間をかけて起こるものです。チンパンジーのような大きな牙があった生物から、我々みたいに牙がなくなった生物になるまで、どのくらいの時間がかかったのかはわかりませんけれども、一〇〇年や一〇〇〇年でないことは確かです。一万年とか、数万年とか、数十万年をかけて牙が小さくなったのですね。

数万年も、数十万年もかけて牙が小さくなったというのはどういうことかというと、人は代々、あまり人を殺さなかったということですね。一人や二人、やさしい人がいて、人を殺さなくたって、牙は小さくならないのです。何万年も、何十万年も、私のお父さんも、おじいさんも、ひいじいさんも、ひいひいじいさんも、そのじいさんも、ずっとずっと人を殺さなかったから牙が小さくなったのですね。一〇年や一〇〇年で起こることではありません。人類の長い歴史の間に、同種同士で殺し合いをしないという傾向があったから、こんなに小さくなったのです。歯が小さいというのは、長年かけて積み上げたものであることを考えると非常に感慨深いものがあります。一人や二人、立派な人がいたからではありません。みんな立派だったのです。

でも、なぜ牙が小さくなったのでしょうか。実は牙が小さくなった理由の直接的な証拠はありません。ただ、現在のところ、間接的な証拠からいちばん可能性が高いのは、人類の婚姻システム、社会形態が変わったからだろうという意見が有力です。

類人猿はいろいろな社会形態、この場合、婚姻システムのことを指しますが、ゴリラはだいたい一夫多妻です。チンパンジーはだいたい多夫多妻で、一つの集団に複数のオスと複数のメスがいて、それで乱交状態といいますけれども、特に相手を定めずに交尾をします。

一夫多妻、あるいは多夫多妻の場合は、一匹のメスをめぐって多くのオスが争うのが通常の形態になります。一夫多妻の場合はわかりやすいかと思いますが、多夫多妻であっても特に相手を定めないので、一匹のメスに対して複数のオスがバッティングするということが非常によく起こります。

一夫一妻の場合は、比較的そういうことが少ないのですね。なんて言いますか、現在の生活と類人猿の生活を結び付けるのはあまり良くないのですけれども、ただイメージとしては人類の場合、私たちの結婚相手がいないとはあまり思わないと思うのですね。戦争中とかだと、多くの若い男の人が死んでしまって、若い女性が結婚できないとか、相手が気に入らないから結婚しないとかいったことはあると思

■私たちは類人猿とどこが違うのか

いますが、もし贅沢を言わなければ、誰か相手はいると思うのですね。まあ、いいやと思えば、だいたい数は同じになっていると思うのですね。

ところが、ゴリラやチンパンジーという類人猿は、もともと一匹のメスにバッティングする可能性が多いうえに、メスの数が足りないという事情もあるのです。それはなぜかと言うと、チンパンジーのメスの生殖器のまわりには性皮というのがあって、これが発情期になると膨張します。人類には性皮というものはありませんが、チンパンジーの場合は膨張するとどうなるかというと、どのメスが交尾できるかがオスにわかるわけですね。ですから、チンパンジーの場合は、交尾可能なメスというのが、オスの数に比べて非常に少ないので、交尾可能なメスをめぐる争いというのが非常に起きやすい状況にあります。ただでさえ多夫多妻なのですから争いが起きやすい状況なのに、さらにこうしたことで争いが激しくなる傾向があります。

ボノボはオスとメスの比が二：一から三：一でメスのほうが少ない。交尾可能なメスが少ないのです。ボノボは平和な生物だといわれております。チンパンジーに比べれば平和ですけれども、牙があります。やはり使わなければ退化してなくなってしまいますから、ボノボも使っているわけですね。さっき申しましたように、人類の場合は、わがままを言わなければ、男も女も、だいたい結婚できるのですね。人類、ヒトの性比はだいたい一：一です。

ちょっとまとめると、社会形態としても、一夫多妻や多夫多妻が類人猿の形態で、交尾可能なオス・メス比も、メスのほうが少ないという、両方、どちらをとっても争いが起きやすい傾向にあるのが類人猿です。一方、少なくとも今の人類は、一夫一妻が主流です。もちろん一〇〇％ではありませんけれども、一夫一妻が主流で、だいたい一：一に近い形になっております。ですから、人類はメスをめぐって戦う動機が希薄なのですね。

そういうこともあって、おそらく社会形態において、多夫多妻や一夫多妻だった類人猿の中の一グループに一夫一妻的な傾向が出てきて、そのために殺し合いが穏やかになっていった。いきなり殺し合いがなくなったということはなく、穏やかになってだんだんと争いが少なくなっていったのが人類で、それで牙がなくなったのであろうと考えられています。

エピローグ

話の流れはこれで終わりなのですけれども、あと少し時間がありますので、ここからは、ちょっと大事な話をいたします。こうした話をすると、必ず「嘘をつけ」と言う方が出てまいります。本当は、人類は一夫多妻制がいいんだとか、一夫一妻ではない社会もあるじゃないかと、いろんなことを言う人がいます。ゴリラにしても、先ほども申しましたが、一〇〇％が一夫多妻だということではないのですね。一夫多妻が多いのがゴリラということです。また、多夫多妻的な傾向が多いのがチンパンジーということです。人類には一夫一妻的な傾向がある、一夫一妻の社会が多いのが人類だというふうに現在では考えられております。ですから、そういう傾向があるということで、完璧にということではないのですね。

それでもという人もいるので、最後にちょっとテストをしてお終いにしたいと思います。心の中、頭のなかに一夫一妻という傾向があるか、ないかということをちょっと試してみたいと思います。皆さん

■私たちは類人猿とどこが違うのか

は心の中で思うだけで結構です（笑）。人類か、類人猿かは、これでわかります。もしも類人猿だった場合でも、別に告白する必要はありません（笑）。もうお墓の中まで持っていっていただければよいかと思います。

例えば、こんな会話をする男女二人がいるとします。「愛しているのは、これから先、ずっと君だけだよ」と。女性は「嬉しい」。「大好きだよ、ミカコ…」、女性は「えっ」と言って、顔が赤くなる。なぜ赤くなっているか。頭にきているのですね、「ミカコって…、だれ…？」と。この子はミカコではないのですね。

大事なところですが、この子はなぜ怒っているかわかりますでしょうか。笑った方は大丈夫だと思いますが（笑）。人間、人類は一夫一妻的な傾向があるということは、裏を返せば、好みがあるということですね。誰でもよいのではないのです。だって、冷静に考えてみると、少しおかしいですよね、この女の子は。だって、この男の人は、この女の人に何か悪いことをしましたか。きっとここに来るまでに、美味しいご飯をご馳走したかもしれません。高いコートを買ってあげたかもしれません。何も悪いことをしていないと思うのです、この男の人。なぜ女の子は怒るのか、きっとチンパンジーだったら意味がわからない（笑）。

チンパンジーの場合は、たぶん、こうなると思うのですね。こっちのほうが腑に落ちる方は類人猿ということになりますが（笑）。「愛しているのはこれから先、ずっと君だけだよ」と。それは嬉しいですね。「大好きだよ、ミカコ…」。ここまでは同じですね。それで、顔が赤くなる。これは嬉しくて赤くなっているのですね。だって、「誰だっていいもん。私、ミカコじゃない、ヨシコよ。私も大好きよ、健一さん、じゃなかった、拓也さん、ていうか、もうそんなの誰でもいいわ」。誰でもいいんです（笑）。ご馳走してくれて、コートを買ってくれれば、誰だっていいんです、好みなんかないのです（笑）。もし人類が多夫多妻制だったら、ここで怒る人はいません。

人類の社会には確かにいろいろな社会がありますし、それはいろんな状況で、人類にも変異がありますし、短気な人もいれば、気の長い人もいます。いろんな人がいて、いろんな変異もありますが、大きな傾向としては、やはり類人猿から牙を使わなかったから小さくなったのですね。ですから長い時間をかけて、ミカコと言われたら腹を立てながら牙を小さくしていった。それが人類七〇〇万年の歴史であったのです。もちろん、いろんなことがありますけれども、大きく考えれば、類人猿からだんだん殺し合いをしなくなってきて、それで牙が小さくなった。牙がないことを私たちは誇ってよいことだと思います。一代や二代で牙が小さくなったのではありません。先祖がずっと何万年もかけて牙を小さくしたのです。小さな牙を大事にしていきたいと思います。

だいたい時間になりました。私の話はこれで終わりです。ご清聴どうも有り難うございました。

第一五回講演会—動画配信

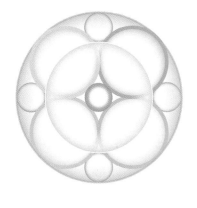

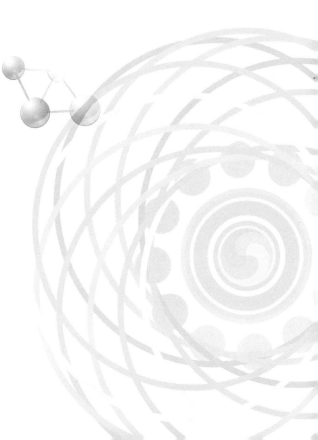

講演Ⅰ

存在とコトバの深秘学 ―井筒俊彦の空海論によせて―

高木訷元・高野山大学名誉教授

【略歴】

一九三〇年　島根県生まれ

一九五六年　高野山大学密教学科卒業

一九五八年　東北大学大学院修了

インド学仏教史学専攻、文学博士

一九六七年　高野山大学助教授

一九七三年　高野山大学教授

一九八二年　高野山大学文学部長

一九八七年　高野山大学学長

二〇〇〇年　高野山大学名誉教授

【著書等】

『古典ヨーガ体系の研究』法蔵館　一九九一年、『空海入門 本源への回帰』法蔵館　一九九〇年、『空海 生涯とその周辺』吉川弘文館　二〇〇九年、『空海の座標 存在とコトバの深秘学』慶応義塾大学出版会　二〇一六年、『空海 還源への歩み』春秋社　二〇一九年　ほか

はじめに ――井筒俊彦博士の空海論

髙木訷元と申します。本日はイスラムの第一人者でありました井筒俊彦先生との関わりにおいての空海論について、お話したいと思います。どうぞよろしくお願いいたします。

今回のテーマでありますけれども、「存在とコトバの深秘学」というタイトル自体が、実は井筒先生の表現なのです。その井筒先生の空海論の一端をまずは申し述べたいと思っているわけです。その上で、本日は井筒博士の申されます「存在とコトバの深秘学」の思想形成の端緒になった痕跡の一端について、言うならば留学から帰国した空海の不遇の時代に、世間に対して発信をした真言密教への言及、そのことについてお話をしてみたいと思います。

実は、この井筒俊彦という先生は、世界有数のイスラム学者なのです。先生が訳されている『コーラン』(岩波書店、一九五七～五八年)をみてもわかるとおり、類まれなる語学の天才でありまして、直接先生に伺ったわけではないですけれども、三五か国語が自由自在に操れるということを聞きました。最も得意なのがロシア語だそうです。

あの有名な心理学者であるユングなどが始めましたスイスでのエラノス会議――世界屈指の学際的な精神性探究の運動です――において、ほとんど毎年のように出席されて講義をされたのが、実はこの井筒俊彦先生であります。エラノス会議で講義ができる人というのは、その道の、つまり精神哲学等々における第一人者のなかの第一人者であったということになります。

ちなみに、日本人で過去にエラノス会議で講義をされた人をみてみますと、鈴木大拙が古くは一度か二度エラノス会議で講義をしております。その後、京都大学の宗教学の教授であった西谷啓治博士とか、あるいは、その後を継いだ上田閑照博士――この人は高野山の出身でありますが――こういう人がおそらく一、二回、エラノス会議で講義をされたというふうに伺っております。井筒先生はほとんど毎年のようにそのエラノス会議に出席して、そして講義を行っていたということでございます。

井筒先生の著作の一つであります『意識と本質』(岩波書店、一九八三年)。そこでは空海の言葉論についての論究がございますし、言葉の深層意識的機能とその呪術的側面といったことが書かれておりますが、多くは空海さんの『声字実相義《しょうじじっそうぎ》』、つまりコトバの深秘学、あるいは『即身成仏義《そくしんじょうぶつぎ》』、つまり存在の深秘学、こういったことへの考察が主であろうかと私は思っております。

この世界有数の哲学者であり、しかも言語学者でもあった井筒俊彦博士と私との関係、これについてやはり言及しておきたいと思っているんです。と申しますのも、井筒先生と私との交わりは、実は一九八四年の秋に高野山で開催されました、弘法大師の一一五〇年の御遠忌、これを記念いたしまして高野山で開催された日本密教学会の学術大会における特別講演、この依頼を実は私が行ったのであります。

井筒先生へ高野山での学術講演を依頼するにあたり、私は空海の手紙に倣って、巻紙に「古人は面談を貴ばず、貴ぶところはただ道を同じくするのみ」(『高野雑筆集』上)と毛筆で手紙を書きました。これは、お大師さんが一面識もない人に、ものごとを依頼される場合によく使われる言葉なのです。古《いにしえ》の人たちは面識があるから知り合いだということではないのであって、志すところの道を同じくする人、それを実は知り合いというのだ、というお大師さんの手紙があるのです。その手紙を私は模倣して、井筒先生に講演依頼の手紙を出したわけです。

この私の講演依頼書に対しまして、直ちに井筒先生は、実にご丁重な返事を寄せられました。そして、日本密教学会という小さな学会の特別講演をも快くお受けいただき、学会当日には、奥様を連れてご一緒に高野山にお登りいただきました。

井筒先生の密教学会における特別講演は、『思想』（岩波書店）という雑誌の一九八五年二月号の巻頭論文として、「意味分節理論と空海―真言密教の言語哲学的可能性を探る―」というタイトルで載せられております。これが後に、先生の著書である『意味の深みへ』（岩波書店、一九八五年）の第七章にも載せていることは、よく知られているとおりであります。

井筒先生のご逝去の後には、井筒先生の意思を継いで、井筒先生の教えを受けた人々が中心になって、「井筒ライブラリー・東洋哲学」シリーズとして外国語文の『The Izutsu Library Series on Oriental Philosophy』という出版物を刊行いたしました。この第一巻が『Lao-tzu』（慶応義塾大学出版会、二〇〇一年）です。井筒先生ご自身の『老子（道徳経）』の英訳です。第五巻では、実は編集者から私に空海の言語哲学について英語で書いてくれというとんでもない話がありまして、何回も断りました。しかし、どうしても聞き入れてくれない。とにかく編集会議に出てくれと言うので、鎌倉の井筒先生のご自宅へ伺うことになりました。ちょうどその頃、コロンビア大学で日本古代文学を研究しておりましたトーマス・ドライトラインという先生が、空海に対して非常に強い関心を抱き、高野山で空海の研究を続けておりました。そのトーマス師に声をかけまして、引き受けざるを得なくなったということです。執筆に五年か六年はかかりました。

トーマス師と二人で弘法大師空海の言語論を中心とした多くの著作、さらにはアペンディックス（付録）といたしまして、『請来目録《しょうらいもくろく》』から始まって、いわゆるお大師様のコトバ論に関する多くの著述も抄訳いたしました。かなり大冊になったわけでありますが、実はありがたいことに、この「井筒ライブラリー」は五巻から成っておりますけれども、最初に品切れになったのが、我々が執筆した『Kukai on the Philosophy of Language』（慶応義塾大学出版会、二〇一〇年）でした。これは二〇一七年に第二刷が既に出ております。

空海と秘門との出会い

まず空海と秘門との出会い、つまり空海さんがどのようにして真言の教えと出会われたのかということから始めて、本題に入りたいと思います。

実はご存じの方も多いと思いますけれども、讃岐、今の香川県ですね。ちょうど善通寺あたりがそうだと言われておりますが、その地方の官僚の家柄であった佐伯直《さえきのあたい》という家にお生まれになりました。一五歳で母方の叔父であります阿刀大足《あとのおおたり》に師事をして、文章や中国の古典を学び始めます。この阿刀大足というのは文学《ふみはかせ》であって学者の第一人者で、当時、桓武天皇が最も寵愛をしていた伊予親王《いよしんのう》の教育係でありました。

そして大足のもとで三年間の学問を修め、一八歳で大学にお入りになります。正式には大学寮といいます。大学の課程も三年が一つの学習単位になっております。したがって、空海さん自身が大学で何を専攻したかということまで伝わっており、中国の古典を学ばれました。大学の明経道《めいけいどう》、経典を明らかにする学科ということですが、この経典というのは儒教の経典（経書）です。これが実は当時の官僚になるための主要なコースだったのです。そして単位を修了すると、貢挙試《ぐこし》という試験を受けます。これが官僚になるための試験です。実は、官僚になる試験を受けるためにみんな大学に入るのです。だから、大学というのは本来、官僚を養成する教育機関。これが日本における大学の初めになります。

空海さん自身が大学に入って三年間を済ませましたけれど、当時、奈良時代の中ぐらいから、我が国の上流階級の間で仏教の経論を読むことが非常に流行りました。これは、自らの教養を増すためと同時に、一つはやはり語学、中国の古典を読むために漢訳の経典を読んだのです。そしてお互いの思想を比較することによって、儒教というものが一体どの程度優れているかを自分自身に確信させるために、官僚の間で仏典を読むことが流行したわけです。

当然それは大学にも及んできまして、若い学生たちが競って教養の学問として仏典を読んでいくわけです。当時、空海さんが大学におられたときの学長を務めた人（大学頭の阿保人上《あほのひとかみ》）は、『華厳経』に対する注釈（『華厳経序私記』一巻）も書いていらっしゃるぐらいでして、一般の官僚、高級官僚たちは競ってこの仏典を読んだことが記録されております。

当時の人々は、官僚たちは、もちろん自分の教養を深める、つまり中国の古典を読む語学力を養うためと同時に、中国の古典の特色といいますか、そういうものを自らが確信するための教養の学問として仏典を読んだのですが、空海さんはそうではなかったのです。

おそらく、最初は一般教養の学として読み始めたであろう仏典のなかに説かれている道こそが、空海さんにとっては自らが真に生き抜くべき道だと思えてきた。そこで、官僚になるための試験を受けることなく、更に多くの仏典に眼を通し、その仏典が説く道に深く入り込んでいかれた。ただ単に知識としての学びではなく、やがて大学の学窓を去り、吉野の比蘇山寺を中心として、当時流行しておりました虚空蔵求聞持法《こくうぞうぐもんじほう》を修する山林修行者の群れのなかに身を投じ、そして自らもこの山林の修行というものをおやりになるわけです。

これに対して、空海さんの才能を知っていた友人たちは、空海さんに対して忠孝の道に悖《もと》ると非難の言葉を浴びせましたが、空海さん自身は真に自分が生きる道として、それを求めつづけていかれるわけです。

ところが、何年ものあいだ、様々に説かれている仏典を読んでみても、真実に至る道がさまざまに説かれていて、今ひとつ分かってこなかった。その自らが信じうる真実の道を求めて、さらに深く修行を進められます。そのことについて空海は、後に「弟子空海、性熏《しょうくん》我を勧めて、還源《げんげん》を思いとなす。徑路未だ知らず。岐《ちまた》に臨んで幾たびか泣く」、こう言っています。自分は仏典をいろいろと読み解いてきた。しかしながら、そこにはなおもう一つ深い道というものをまだ見出し得ない。もっと本当の仏道というものがあるはずだ、と。このようなことで悩み抜かれるわけでありますが、「精誠《せいぜい》に感ありて、この秘門を得たり」、つまり自分自身の真理を求めつづける心、その心に仏が報いたもうて、真実の秘められたる道を示されたというのです。それは密教の経典、真言の教えに出会ったということです。

ところが、「文に臨んで心昏《くら》し」。その秘密仏教の経典の文章を読み進めていっても、その意味するところが一向にわからなかった。天下の秀才が初めてつまずきを見せた瞬間でありました。若き日の空海、天下の秀才であった空海が、文字を追って読み進めてみても、その文字の奥深いところに秘められているまことの意味が理解できなかった、ということです。そのことを教えてくれる人が、当時の日本にはまだ一人もいなかった。そこで、「赤県を尋ねんことを願う」（以上、「四恩の奉為に二部の大曼荼羅を造する願文」『性霊集《しょうりょうしゅう》』巻七）わけです。この赤県というのは中国を意味します。

入唐留学と密教の受法

唐に留学した空海は、まず最初に、インドのお坊さんで、中国に来て翻訳に携わってきた般若三蔵に付いて、サンスクリット、梵語というインドの言語、そして仏教だけでなく、南天竺のバラモン教等々も含めたインドの様々な宗教事情などを聞き学んでおられます。これは空海さん自身が後に、『秘密漫茶羅教付法伝』や『真言付法伝』のなかで述べておられます。般若三蔵に付いた後、さらに長安の都の青龍寺《しょうりゅうじ》の恵果和尚《けいかかしょう》というお坊さんに師事して、真言の教えをお受けになるわけです。

この恵果和尚というのは瞑想の人でありまして、著作は一冊も残っておりません。おそらくお書きにはならなかったのではないかと思います。不空三蔵《ふくうさんぞう》という著名なインド僧が、金剛頂経系の密教というものを中国に定着せしめます。密教には、この金剛頂経系の密教と、大日経系の教えという二つの大きな流れがございます。このなかで金剛頂経系は金剛智三蔵《こんごうちさんぞう》とその弟子の不空三蔵によって中国に定着する。そして胎蔵系という、大日経系の密教は、善無畏三蔵《ぜんむいさんぞう》によって中国に定着しました。恵果和尚はその両方の系統の密教を受け継がれたので、これを両部の密教といいますが、それを完全に受け継ぎ、それを体系化したのが恵果和尚であります。

恵果和尚は当時、自らの余命幾ばくもなしと実感されておりました。恵果和尚は若き日の空海さんの顔を一目見るなり、空海さんの内実を見抜かれたわけでありまして、まさにこの人物こそ真言密教というものを全て体得する器の者であるということを見抜かれ、「大好《たいはお》、大好、報命《ほうみょう》竭《つ》きなんとす」と言われました。そこで恵果和尚は、直ちに密教の正式な法を授けることから始められまして、半年の間に空海さんはありとあらゆる教えを全て受け、学ぶことができたわけです。それを待ちかねたように、恵果和尚は真言密教の諸経論や曼荼羅、仏具類を宮廷作家に描き造らせて空海に与え、半年後にご入滅になります。

お亡くなりになったその夜、その青龍寺の灌頂堂《かんじょうどう》の道場で、空海さんは一人瞑想にふけります。その瞑想にふけっている空海さんの目の前に、ありありと姿を現わしたのが恵果和尚でありました。そのことを空海さんは、日本へ帰国後に朝廷へ提出する自らの留学の成果の報告書（『御請来目録《ごしょうらいもくろく》』）のなかでおっしゃっておりますが、それとは別に、恵果和尚を葬ったときの碑文である「恵果和尚の碑」（『性霊集』巻二）でも更に詳しくお述べになっております。恵果和尚が目の前にぱっと現れ、「ありとあらゆる教えは全ておまえに授け終わった。これから早く日本に帰って、これを国家に奉り、その教えを弘めるがよい。その教えを弘めることによって、全ての人々の福《さいわい》を増せ」と。その「さいわい」という言葉に「福」という字が当てられているのです。

そして恵果和尚は、「君はまだ知らないだろうが、君と私との間の関係は、今この世での出会いが最初ではないのだぞ。前の世も、その前の世も、お互いに先生となり弟子となって、この秘密の法門を伝えてきた間柄である。この世では私が君の師匠であった。次の世では私は東のかなたの日本に生まれて、君の弟子になるであろう」と言って、スーッと姿が消えていったというのです。

空海自身が、留学成果の報告書である『請来目録』に記している文章を付記しておきましょう。

「是の夜、道場に於いて持念す。和尚宛然として前に立ちて告げて曰く、我と汝とは久しく契約有りて、誓って密蔵を弘む。我れ東国（日本）に生まれて、必ず弟子と為らん。委曲の言《こと》、更に煩《いたつかわ》しく述べず。」

そうして、恵果和尚からあまねく伝えられた金剛頂経系と大日経系の密教を、余さず日本にお持ち帰りになる。そのお持ち帰りになったときの帰国願い（『本国の使いと共に帰らんと請う啓』『性霊集』巻五）というものが残っておりますが、そのなかでお大師様は、自らが学んだ密教が一体どういうものであるかを端的明確に書いていらっしゃるのです。「此の法は則ち仏の心、国の鎮《しずめ》なり。氛《ふん》を攘《はら》い祉《さいわい》を招く摩《ま》尼《に》、凡を脱がれ聖に入る嘘径《きょけい》なり」とあるのが、それです。それはどういうことかというと、今まさに自分が恵果から受けたこの真言の教えというのは、まさに仏の心、国の鎮なり、仏教の核心である。仏教の真髄であると同時に、この教えはこれが広まった社会、国、その地域を安泰にする教えなのだ、というのです。

よく現世利益ということで軽んじられる風潮がありますが、これが今の言葉でいう加持祈祷です。それがどういうことを意味するか。本来は、「この法はすなわち仏の心、国の鎮なり」、仏の教えの核心であり、また国を鎮める基なのだと言い、そして、「氛を攘い」、あらゆる災いを取り除いて、「祉を招く摩尼」と続きます。ここでは、お大師様は、「さいわい」を福祉の「祉」という字で書いています。ところが、恵果和尚の言葉には「福を増せ」と書いてありました。恵果和尚の「福」と、お大師さんの「祉」とを当てますと、真言の教えはまさに「福祉」の教えということになります。

これは、欽明天皇の一三年（五五二年）と記憶しておりますが、朝鮮半島にあった百済《くだら》の聖明王《せいめいおう》が、初めて仏像と若干の経巻を欽明天皇に献上しました。つまり、仏教が正式に初めて日本に入ってきたわけです。そのときの言葉として、『日本書紀』（巻一九）に述べられていることと全く同じなのです。『日本書紀』ではこの教え、つまり「仏教は最もすばらしい教えで、福《さいわい》を増す教えなのだ」と書いているんです。ここでは「さいわい」に「福」という字を使っています。そして二番目に、「菩提つまり悟りを成就する教えだ」とあるのです。

いわゆる福祉というものと仏教の悟りというものはまさに同一なんだということを、空海さん自身がまた明確に述べているのが、先ほど言った、「この法はすなわち仏の心、国の鎮なり。氛をはらい、祉を招く摩尼、そして凡を脱がれ、聖に入る嘘径なり」という部分です。お大師さんは今まさに自分が恵果から受けた密教の教えを端的にこのように述べているわけです。

つまり、単なる理屈ではないんです。人々のこの世界における福祉、この世界における幸福、それを実現できるのがこの秘密の法門である。同時にそれは、「凡を脱がれ聖に入る嘘径」だ。煩悩の世界、迷いの世界から抜け出して、仏の世界、聖なる悟りの世界へと入る最も近道だ。お大師様は、これが恵果和尚から受け学んだ真言密教の教えだと明々白々に述べておられます。

留学成果の報告とその後――法海は一味なり

留学生は、帰国後に請来目録という留学の成果を示した報告書を提出します。空海さんが報告をした『請来目録』のなかで、真言秘密の法門の特質をいくつか記述していますが、そのなかの一つを申しておきます。それは、お大師さんが自分が受けた密教の教えというものの特質をいくつか述べる箇所で、冒頭にこういう文句を述べているのです。

「法海《ほうかい》は一味《いちみ》なり。機《き》に随《したが》って浅深《せんじん》あり」――この世界における法の海、教えの海の水は一つの同じ味だ。お大師さんの時代には、この世界には四つの大きな海（四大海）があると言われていましたが、今で言いますと、地球上のありとあらゆる海です。ありとあらゆる海は、それぞれある場所が違っている。そして、それぞれの海は湾があったり、浜辺があったりと形が異なっている。しかし、この地球上にあるあらゆる海は、それぞれ場所が異なり、そして形が異なっているけれど、その水はみんなつながっているし、みんな同じ味がするであろう、と。

つまりこの世界の、当時お大師さんが留学していたときには、中国にはもちろん儒教や道教といった、様々な中国古来の宗教思想があると同時に、そこへ仏教というものが入ってきたわけです。そして、当時キリスト教も入ってきておりました。大秦寺《だいしんじ》というキリスト教の教会に、キリスト教が中国に伝わったいきさつを書いた石碑（「大秦景教流行中国碑《だいしんけいきょうりゅうこうちゅうごくひ》」）が建っています。実はこの碑文の作者の景浄（アダムス）は、当初、般若三蔵と共に胡本の『大乗理趣六波羅蜜経』を共訳した人物なのです。胡本とは中央アジアの或る言語に翻訳されたテクストを意味します。しかし、必ずしも適切な訳本とは言えなかったので、後に般若三蔵は自らがインドから持ってきた梵本から訳出し、これを帰国する大師に与えています。景浄のことなどを、空海さんは般若三蔵から聞いていたに違いないし、その碑文を空海さん自身も読んだに違いないし、キリスト教の内容についても調査したはずです。実は高野山の一の橋を渡って、右側を通って上に上がる上がりがけに、その碑文の写しが建っています。高野山の奥の院に入るその第一歩のところに、キリスト教が中国にどのようにして入ってきたかという碑文が建っている。これが極めて象徴的です。

法海は一味なのです。このあらゆる世界に存在する海の形は違っていても、それぞれの海はつながっているし、水の味も同じである。それぞれの時代、それぞれの地域によって、それぞれ異なった宗教というものがある。同じ宗教であっても、それを受ける人々の機根の能力、素質によって、様々にまた教えというものが展開してくる。様々な形になってくる。しかしながら、それは本来、全て一味、同じものとしてつながっているのだ。これがまさに曼荼羅《まんだら》の在りようの考え方ですね。つまり平和共存ということです。平和共存のありようを、あらゆる宗教が示している。つまり、さまざまな在りようで、あらゆる存在、思想、宗教がきちんと棲み分けて、すべてがつながって存在する在りようを、空海は「法海は一味」と表現している。強いものは強いものなりに、弱いものは弱いものなりに、すべてがきちんと棲み分けて、平和裡に共存する在りようを、空海さんは「法海は一味なり」と表現しているのだ。これが謂わゆるマンダラのありようなのである。このことを、空海は帰国したときに、『御請来目録』の中で書いている。宇宙レベルでの世界観を示しているのです。

空海さんは、中国から日本に帰ってきて、平城天皇の在位の三年間を、筑紫に足止めをされます。いろいろな理由がありますが、それについては省略いたします。嵯峨天皇が即位をしたと同時に都に入ることを許されるわけであります。空海さん自身が言ったわけじゃありませんが、空海さんの第一弟子の実恵《じちえ》が、後に、空海さんが留学されていた唐の長安にある青龍寺の同法侶らに宛てた手紙（『追懐文藻《ついかいぶんそう》』五）のなかでこのように書いています。「道は余宗より高く、教は常習に異なり」と。空海さんがお持ち帰りになった宗教の道、仏の道は、他の宗派よりも一層高く、その教えは今までの一般の常識の範囲を随分越えたものである。だから、「この間の法匠は」、日本の僧侶たち、南都の奈良の仏教諸宗の僧侶たちは、「おのおの矛盾をなして」、ここが違う、あそこが違うじゃないかと主張して、「肯て服膺《ふくよう》せず」。空海さんが請来してきた真言の教えを素直に受け入れようとはしなかった。

このように、南都の諸宗たちの反発もあったのでありましょうが、空海さん自身はほぼ一〇年間は沈黙を余儀なくされたと書いています（「勧縁疏《かんえんのしょ》」「高野建立の初めの結界の啓白の文」『性霊集』巻九）。まさに空海さん自身が、お師匠さんの恵果の教えのままに、初めてこの密教の法を広め得たのは、弘仁六年三月であります。このときに初めて嵯峨天皇の示唆により、公に真言の教えを広めることができた。教えを弘めるためには、自らが持ち帰った主要なる密教の経典論書をそれぞれのところに写し取って読んでもらう必要がある。今と違って当時は印刷技術がありませんから、書物はみんな手で写し取ったものしかないわけですね。したがって、空海は密教経典の主要な三六巻――「勧縁疏」には「三五巻」とありますが――を弟子に持たせて、それぞれのところで書き写してもらって、そして真言の教えを修め行じてほしいという宣揚の運動を始めます。

「中寿感興の詩并に序」に見える真言の教え――存在とコトバの深秘学

お大師さんがまだ沈黙を余儀なくされていた四〇歳のときに、「五八《よそじ》の詩」を作りました。それが「中寿感興《ちゅうじゅかんきょう》の詩并《しならび》に序《じょ》」(『性霊集』巻三)です。この詩をもらったら、その韻を踏んだ歌を詠じて、返すことが必要なんです。ですから、そのためには、その序文に書かれていることも理解しなくてはならないわけですね。否が応でも真言の教えを納得した上で、返歌を空海さんに出すことになります。これによって真言の教えが、一般の知識人はもちろんのこと、仏教界に弘まった、と私は考えています。

またその序では、「三昧《ざんまい》の法仏は本より具《つぶ》さに我が心なり。二諦の真俗は倶《とも》に是れ常住なり、禽獣卉《きんじゅうき》木《もく》は皆な是れ法音なり、安楽なる覩史《とし》はもとよりこのかた胸中なり」と述べています。つまり、「法仏」とは法身仏を指し、存在の絶対的根源を意味します。つまり、存在の根源である法身は元来、われわれの心に具《そな》わっているのだ。世間的な真実と悟りの世界とは、倶《とも》に深秘的な在りようを示している。鳥や獣の鳴き声、草や木の葉ずれの音、自然界が発するすべての音声、コトバは、すべて法身仏の説法、つまり存在の根源である声(コトバ)そのものなのだ。そして、釈尊なき後、この世に現われて人々を救済すると云われる弥勒菩薩のいます覩率天《とそつてん》は決して遥か彼方にあるのではなく、本来人びとの心のなかに厳然として実存しているのだ。

この詩は、まさしく「存在とコトバの深秘学」なることを如実に示していることに留意しておくべきです。仏の世界は、遥か彼方ではなく、我が心、おのが心、そのなかにつぶさに備わっているんだと。

それぞれの人々の心のなかに、究極的な教えの境涯《きょうがい》というのが備わっているのだというのです。

そして、「禽獣卉木《きんじゅうきもく》は」、つまり鳥のさえずりも、獣の鳴き声も、草や木の葉ずれの音も、「皆これ法音なり」と。法音は、法身の説法です。つまり、この存在の根源である根本仏、根本の仏の説法の声、これが禽獣卉木であり、全てがまさにこの法身説法の具象となるわけです。そして、「安楽なる覩史はもとよりこのかた胸中なり」とあります。

お釈迦様、仏陀が入滅のときに弟子たちに言い残した言葉のひとつとして、「私が入滅した後、今は兜率天《とそつてん》にいる弥勒《みろく》という菩薩が、遥か未来に仏陀となってこの世界に姿を現して、そして人々を救い取るであろう」と言って入滅されます。若き日のお大師さんは、そのことが常に念頭にあって、それならば様々な仏道が説かれているけれど、本源へと還る道というものは、兜率天にいる弥勒菩薩のところに行って倣えばよいと思うわけですね。

ところが、その兜率へ行く道は様々に分かれていて、どの道を行っていいのか分からず、またすべてが極めて厳しい道であるのでほとんど諦めている。これが、空海さん自身が二四歳の一二月に書いた『聾瞽指帰《ろうこしいき》』のなかの主たる立場です。空海さんが大学の在学中に、仏典にも非常に深く親しんで、そこに自らの生きる道を見出すわけですが、しかしながら、なお満足できない。真に生き抜く道は何か、本源に戻る道は何かということですね。これは洋の東西を問わず、みんな悩んだことなのですよ。

「山のあなたの空遠く、幸い住むと人のいふ」――幸い、人間の幸福というものは、遥か山の彼方にあるとみんな思っているのです。極楽浄土が遥か西方十万億の仏国土を過ぎた彼方にあるとみんな思っているし、実際に書いてあるのですね。しかし「山のあなたの空遠く、幸い住むと人のいふ。ああ、われひと、尋《と》めゆきて、涙さしぐみ、かへりきぬ」——山のあなたの空遠くに幸いがあると行ってみても、どこまで行ってみても、そこには幸いがないわけで、涙さしぐんで帰らざるを得なくなった（カールブッセ「山のあなた」『海潮音—上田敏訳詩集』新潮文庫、一九五二年）。

童話『青い鳥』のチルチルとミチルの兄妹もそうでしょう。幸福の青い鳥を探すが見つからない。そしてついに見つけ出し、つかまえたとしても、にげてしまったり、死んでしまったり、色が変わったりして、青い鳥を持ち帰ることができなかった。しかし、家に帰って、明くる日お母さんに起こされて目を覚ました二人は、部屋の壁に掛けられた鳥かごの中に青い鳥を見つけます。隣のおばさんが来た。病気の娘が欲しがっていると言うので、その鳥をやったら、娘さんの病気がたちまちに治った、というのです（『青い鳥』（メーテルリンク著・堀口大學訳）新潮文庫、一九六〇年）。

このような話が伝わっているのは、洋の東西や時代の前後を問わず、みなが真理の世界というのは遥か彼方にあると思っているのです。ところが、違うのです。仏の世界、真理の世界というのは、遥か彼方ではなく、本来、自分自身の心のなかにあるのだぞ、というのです。それが「安楽なる覩史はもとよりこのかた胸中なり」ということです。兜率天というものが遥か彼方にあるということを知って、そこへ行こうと様々な苦労をしたけれど、気がついてみたら、兜率の浄土はおのが胸《こころ》のなかにあった。

弘法大師自身最晩年の著作と思われる『般若心経秘鍵《はんにゃしんぎょうひけん》』（一巻）の序文の冒頭にも、「それ仏法遥かにあらず、心中にして即《すなわ》ち近し、真如、外《ほか》に非《あら》ず、身を棄てて何《いず》んか求めん」とあります。真理というものは遥か彼方にあるのではなくて、おのが心のなかにある。おのが心そのもの、それがまさに仏の心なのだ。それを悟り得た者、これがまさに真言の覚者ということになると思うのであります。「存在とコトバの深秘」なる在りようを「中寿感興詩」の序文で謳っています。おそらくこれが贈られてきた人々は、まさに大きなショックを受けたのではないかと私は思います。

「勧縁疏」にみる恵果直伝の真言の教え――三心は平等なり

さて、いろいろあれこれと申し上げましたけれども、最後に申し上げたいのは、お大師さんが長安に着いて学んだ先生、恵果和尚についてです。この恵果和尚が一体どのような教えを授けたのか。お大師さんは、間接的な話法で処々方々に恵果和尚の教えを散説しておりますが、直説法の形で、恵果自身が直接に空海さんに教えたその言葉自体が、そのまま生に引かれているのが一か所あるのです。

これが、初めて公に真言の教えを全国に広めようとした趣旨書（「勧縁疏」『性霊集』巻九）の中に出てきます。「和尚告げていわく、もし自心を知るは即《すなわ》ち仏心を知るなり。仏心を知るは即ち衆生の心を知るなり。三心平等なりと知るを即ち大覚と名づく」――自分自身の心をあるがままに本当に知り得た人は、仏の心を知ったことになり、仏の心を知った人は衆生の心を知ったことになるんだ、と。つまり、仏と我とありとしあらゆるもの、生きとし生けるものとはまさにつながっているし、同一なんだということであります。これを三心平等と申します。そして「三心は平等なりと知るを大覚と名づく」、すなわち、この自分自身の心、仏の心、ありとあらゆるもの、生きとし生けるものの心、この三つの心が本来みんなつながっていて、同じなんだということを知ること、それを大いなる悟りだ、というのです。これはまさに、この密教の核心を告げているといってよいでしょう。

三心平等の自覚、これが恵果和尚のなまの教えであるのですが、仏教を多少なりとも勉強した人ならすぐわかるのですけれど、三心平等を説いているのは、実は『華厳経《けごんぎょう》』なのです。もう既に『華厳経』に説かれているのです。それをあえて恵果和尚は、真言の教えとしてここに述べているのです。

それはなぜかといいますと、恵果和尚のお師匠さんである不空三蔵が、『華厳経』に説く三心平等を真言密教の瑜伽観法《ゆがかんぼう》のなかですでに自覚していたからです。しかも、不空三蔵はそのための修行、瞑想の仕方を説いた『華厳経入法界品四十二字観門』および『華厳経入法界品字輪瑜伽儀軌』を翻訳また撰述しているのです。

つまり、本来『華厳経』に説かれていたけれども、それを不空三蔵が密教的にアレンジして書いているのですが、ここからが面白い。『華厳経』よりも古く、本来の密教経典である十万偈から成る大本の『金剛頂経』のなかで、そのことが説かれているのだと言っているわけであります。しかし、この十万偈から成る大本の『金剛頂経』は「故（もとの、いまはなき）金剛頂経」に説いてあったと記されています。「故」とは、「今はすでになき」と云う意味でして、その典拠を見せて欲しいと云われても、すでに故《な》くなっていて今は直接に披見することはできないと云うわけです。

瞑想の人であり、著作が一篇もなかった恵果和尚の生きた言葉というのが、空海さんによって伝えられている。それが、「もし自心を知るはすなわち仏心を知るなり。仏心を知るはすなわち衆生の心、ありとしあらゆるものの心を知ることである。だから、自分の心と仏の心と、そしてありとしあらゆるものの心、これは全て平等、つまりつながっている。三心平等なりと知るをすなわち大いなる覚りと名づけるのである。この大いなる悟り、大覚を得んと欲《おも》わば、まさに諸仏自証の教えを学すべし」ということなのです。諸仏自証の教えというのは、密教の教えのことです。だから、大いなる悟りを得ようと思うならば、密教の教え、「存在とコトバの深秘学」の真言の教えというものによらざるを得ない、というのであります。

このように、空海さんによって、この三心平等の説が師匠である恵果和尚の説示の言葉として伝えられている。これを華厳宗をはじめ、南都の人々がどのように受け取ったのか。その反応を示す証拠は、残念ながら今残っておりません。しかし、おそらく弘法大師自身のこうした情熱のある説法に対しては、ある程度の納得がいったのではないかと私は思います。

口に真言を唱え、手に印を結び、そして心に瞑想するという密教の三密行は、非常に深い意味合いを持っております。それは「まこと」（真言）の悟りの世界に入るための、密教の教えでいう方便にあたる修行法のことです。これによって、自分自身の心と、もろもろの衆生の心と、そしてもろもろの仏たちの心とは本来同一のものとしてつながっており、自性成就せるもの、おのずからそこに完全なるものとして存在していることを自覚するのです。

つまり、本来我々は仏の心と同じレベルにおけるありようにおいて存在しているということに気がつく、これが大覚、大いなる悟りということになります。先ほど少し触れました、「山のあなたの空遠く、幸い住むと人のいう」という、この山のあなたの空遠くではなくて、おのが心のなかに仏の心、つまり、まことのさいわいがあるのであって、しかも、ありとあらゆる人の心とつながっていること、この自覚が大事なのです。

おわりに ——空海の主張する真言密教の教え

非常に混乱した今の世界——私もかつてローマのバチカンにあるローマ教皇庁の国連大使であったモンシニョール・マルティーノ師が主催した「異なる宗教の対話集会」に仏教を代表して呼ばれました。そしてニューヨークの国連本部で講演・対談をしたことがあります。そのほか、カトリックを代表して、当時のワシントン・カトリック大学のD・シンドラー教授が出席しました。そしてユダヤ教では、当時、コマーシャルソングの第一人者であったD・ホロヴィッツ氏が出られました。ところが、イスラム教の代表がいないのです。私は主催者に「なぜイスラムがいないのか」と聞いたところ、「適当な人が見当たらなかった」と言うわけです。井筒俊彦博士が詳説されているように、イスラム教のスンニ派とシーア派というのは、同じ宗教かと思えないほどに全く違うわけでして、なるほどそう言われれば、どちらを呼んでどちらを呼ばないということではないと思ったのです。しかし、その数年後に、例のイスラムの暴徒によってニューヨークの世界貿易センタービルが破壊されました。それから後は中近東での争いがずっと今日まで及んでいます。

こういった世界の紛争を収めるには、やはり三心平等に立ち返らないといけない。まさにこの密教こそ、すなわち全ての教え、法海は、一味であるという、空海の主張する真言密教の教えこそが、これからの世界の平和共存をめざす上での拠り所になると信じます。強いものは強いものなりに、弱いものは弱いものなりに、それぞれがきちんと棲み分けて、全てが調和ある全体として存在する。これが実は棲み分けの理論であって、まさにこれこそ曼荼羅の在りようであると思います。

どうも雑駁《ざっぱく》であり、「存在とコトバの深秘学」についての深い考察を行うことができなかったけれども、これにて終わりにしたいと思います。ありがとうございました。

講演Ⅱ

宗教と科学――仏教の視点から

竹村　牧男・東洋大学名誉教授

【略歴】

一九四八年　東京都生まれ
一九七一年　東京大学文学部卒業
一九七五年　東京大学大学院博士課程（印度哲学）中退
　　　　　　東京大学文学部助手
以後、文化庁文化部宗務課専門職員、三重大学人文学部助教授、筑波大学助教授（哲学・思想学系）、同教授を歴任
二〇〇二年　東洋大学文学部教授・筑波大学名誉教授
二〇〇九年　東洋大学学長
二〇二〇年　東洋大学退職、東洋大学名誉教授

【著書等】

『入門　哲学としての仏教』講談社現代新書　二〇〇九年、『ブッディスト・エコロジー』ノンブル社　二〇一六年、『空海の哲学』講談社現代新書　二〇二〇年　ほか

■宗教と科学――仏教の視点から

はじめに

「宗教と科学」というテーマに対して、仏教の世界においては、だいたい次のような議論が期待されているのではないでしょうか。「一般に宗教は非科学的で、科学と相容れないと考えられている。しかし仏教という宗教は科学と矛盾するものではない。仏教は科学の批判に耐えうるものであり、科学と共存できる宗教である」。おそらくそのような議論が、しばしばなされてきたことでしょう。

しかし宗教の真理性を科学によって証明するということは、宗教を科学に還元することとなり、それでは宗教としての独自性、意義を失うことになりかねません。いったい、宗教と科学、また仏教と科学の問題は、どのように考えられるべきなのでしょうか。

科学の出自は宗教にあった

科学というとき、主に自然科学の領域が念頭に置かれるのがしばしばでしょう。この近代自然科学の淵源は、ニュートンに見出すことが出来ます。ニュートンが重力の法則を発見するなど、自然の本質を究明しようとした背景には、自然に潜む神の摂理を自覚し、神の偉大性を讃嘆するためでした。けっして神の存在を否定して人間の理性のみに頼ろうとしたのではなく、むしろキリスト教の世界観を補強することが目的でありました。その段階では、宗教と科学は矛盾するものとは考えられていなかったのです。

しかし科学の発展に伴って、自然の自律性、客観性が明らかになっていって、神の存在を想定する必要もなくなってきます。科学はキリスト教の支配を脱却して、理性に基づく学問として自律的に展開していくことになりました。しかもそれは技術と結びついて、大量生産にも成功するなどして、ますます信頼を勝ちえてきたのでした。

とともに、超越的なしかも人格的な神の存在は次第に軽視され、むしろ信じるに値しないものと考えられるようにもなってきました。こうして、科学と宗教は相容れないものとの通念が広く浸透してきたわけです。

仏教と科学

確かに仏教は、超越的な唯一の人格神は立てません。とはいえ大乗仏教では、久遠実成の釈迦牟尼仏（いわば永遠の仏）や三世十方に諸仏の存在を認めるなど、眼に見えない世界の存在を認めていて、その点は人間の感性・理性を超えるものがあります。そこで浄土教で説く、死後、西方にある阿弥陀仏の極楽浄土に引き取られるとの説も、もはや現代人にはすんなりと信じることはむずかしいことになってきていましょう。また、「善因楽果、悪因苦果」の法則のもと、死後の六道輪廻があるということも、信じえない人が相当多くいることと思われます。仏教にも、けっこう神秘的な世界が少なからず存在していることも事実です。

しかしながら、世界の成立に超越的主宰神を認めるわけでもなく、世界の生成・変化、発展と衰退については、因と縁とが合わさって結果があるとする縁起の世界観を説いており、その辺はきわめて科学的であると思われます。この縁起の思想では、単に物事は縁によって起きるというのみではありません。説一切有部や唯識思想では、そこに六因・四縁・五果を分析するなど、その関係性の内実を細密に分析しています。一口に因果関係と言っても、空間的関係もあれば時間的関係もあります。業（行為）の世界では因の性格と果の性格とが異なる（異熟）ことも認識されています（因是善悪・果是無記）。縁にしても、その因果に対する関与の仕方がいくつか分析され、増上縁の中には、何も関与しなくてもそのあり方で、ある因果が成立することを妨げない（与力に対する不障）がゆえに縁となっている、という見方まで示されています。実に周到な分析であります。仏教が説くところは全面的に五感で確認できる世界、理性で把握できる領域に限定されているわけではないものの、確かにこの世のあり方の見方に関しては、科学と衝突する要素は少ないことでしょう。

のみならず、私は仏教には科学の一面が存在していると考えます。それは、説一切有部の五位七十五法、唯識思想の五位百法の分析のアビダルマ（世界の構成要素の分析）のことです。これらは、まさに仏教の科学であると思うのです。

ダルマ＝法には、真理や法則や法律等さまざまな意味がありえますが、このアビダルマにおいて語られる法とは、「任持自性、軌生物解」と定義されるもので、千変万化する世界の中で自己自身を保つもののことです。ゆえにこの場合のダルマ＝法は、世界の構成要素ということになります。そうしたものを分析しているわけなので、仏教には確かに科学の一面があると言うべきでしょう。

五位百法《ごいひゃっぽう》の概要

唯識思想の五位百法の内容を簡単に紹介してみましょう。五位とは、心王《しんのう》・心所有法《しんじょうほう》・色法・心不相応法・無為法という、五つの範疇のことです。心王は心の活動の主軸となるものであって、八識が考えられています。眼識《げんしき》・耳識《にしき》・鼻識・舌識・身識・意識・末那識《まなしき》・阿頼耶識《あらやしき》です。眼識・耳識・鼻識・舌識・身識は、視覚・聴覚・嗅覚・味覚・触覚のことで、五感の世界です。意識は、ありとあらゆるものを認識しうると考えられています。過去を想起したり、未来の計画を展望したり、あるいはまた兎角・亀毛というようなこの世にはありえないものを考えることもできます。ここまでは我々も自覚していますが、唯識思想は意識のさらに奥に、第七末那識、第八阿頼耶識があることを説いています。フロイトやユングに先立ってはるか昔に、意識下の世界を探究し理論化していたのです。

末那識は恒常的な我執のことで、これは意識にひそかに影響を与えることになります。一方、阿頼耶識は、過去一切の経験を蓄えているもので、当然、集合的無意識の貯蔵庫にもなっていましょう。ただし、阿頼耶識は単なる無意識ではなく、不可知ではありますが有根身《うこんじん》（身体）と器世間《きせけん》（環境）をも保持し維持するものでもあります。この辺の細部には、ここではもはや立ち入りませんが、仏教は人間の心の究明において、きわめて深いものを持っていることが知られることでしょう。

心所有法は、その心王に相応してはたらく個々の心のことで、それには、遍行《へんぎょう》・別境・善・煩悩・随煩悩・不定《ふじょう》の分類が設けられており、全部合わせると五一あります。遍行はどの識とも、善・悪等いずれの場合でも、必ず相応して働く（一切性・一切地・一切時・一切倶のすべてを満たす）もので、故に一切の心王に遍く起こる（周遍行起）ものです。これには、触・作意・受・想・思という心所があります。別境は特定の対象に対した時にはたらくもので、欲・勝解・念・定・慧の五つがあります。

善の心所は、信・慚・愧・無貪・無瞋・無癡・勤・軽安・不放逸・行捨・不害の一一です。なお、善とは「能く此世・他世に順益する為の故に名づけて善と為す」と言われており、その行為をすれば、この世だけでなく次の世或は来世まで、自分だけでなく他人に対しても、利益をもたらすもののことです。これに対し悪＝不善は、「能く此世・他世に違損する為の故に不善と名づく」と言われています。

煩悩の心とは、心を煩擾《はんじょう》悩乱するもの、生死輪廻からの出離を妨げるもののことです。厳密に言うと、煩悩のすべてが悪＝不善とも言えないのですが（有覆無記《うぶくむき》の場合もある）、ほぼ悪の心と見てよいです。それは、貪《とん》・瞋《じん》・癡《ち》・慢・疑・悪見《あっけん》の六つです。悪見は開くと、薩伽耶見《さっがやけん》（我見）・辺見・邪見・見取・戒禁取《かいごんしゅ》の五つがあります。

随煩悩は、前の煩悩（根本煩悩）から派生した、より具体的なもので、忿・恨・覆・悩・嫉・慳・誑《おう》・諂《てん》・害・憍、無慚・無愧、掉挙《じょうご》・惛沈《こんじん》・不信・懈怠・放逸・失念・散乱・不正知の二〇があります。これらも、ほぼ悪の心です。

さらにいわばその他として、不定の心所があり、それには悔《け》（悪作《おさ》）・睡眠・尋・伺があります。その個々の内容については、他の諸法も含めて末尾の図表を参照してください。簡略ではありますが、そこにひととおり説明しておきました。

色法はいわゆる物質的なもので、これに感覚器官の五根《ごこん》（眼根・耳根・鼻根・舌根・身根）と、五感の対象の五境（色《しき》・声《しょう》・香《こう》・味《み》・触《そく》）と意識の対象における物質的なもの（法処所摂色《ほうしょしょしょうしき》）の一一があります。色法はよく物質的なものと言われますが、実は我々があると思っている物は、五感の上に意識の中で構成されたもので、あくまでも第一次的にあるものは五感の各感覚そのものであることも正しく分析されています。

心不相応法は、物とも心とも言えないもので、これに二四数えられています。すなわち、名《みょう》・句《く》・文《もん》（順に単語・文章・母音子音）等です。この心不相応法は、色・心（心王・心所有法）の上に仮に立てられたものであって、世界を実質的に構成しているものではないとされています。

無為法は六つ数えられていますが、すべて真如《しんにょ》を種種の角度から見たもので、実質的には真如一つであります。この真如とは、諸法の本性としての法性《ほっしょう》、諸法の本質としての空性《くうしょう》と異なるものではなく、その空性なる法性を、真実・如常である面から見て、真如と呼ぶのです。

以上が五位百法の概要です。この諸法の分析は、自然科学ほどの厳密さに欠けていて、あまりにも初歩的なものでしかないと思われるかもしれません。しかし言語を名・句・文においてとらえ、それらを物でも心でもない心不相応法としてとらえること、時間を同じく心不相応法に数え、あらかじめ存在するものとせず、これも色・心の諸法の上の仮立すぎないとしていること等々は、きわめて精確なものだと感嘆せざるをえないものもあります。

このように、仏教は五位百法のアビダルマにおいて、科学と一脈、通じるものがありまして、その営みがまさに科学であることは間違いないでしょう。

五位百法と唯識

以下、特に心王と心所有法（心所とも言う）との関係について、さらに説明を加えておきましょう。心王は所縁に対して、ただ総相を取り、心所はそれにおいて別相を取るとされています。心所は、対象に対し貪りや怒り等々の個別の作用を発揮するわけです。このことは、絵師がだいたいの図を描き、弟子たちが個々に異なる色を埋めていくことに喩えられています。

また、心王と心所とがともにはたらく時、心王と心所有法とが相応すると言われるのですが、この相応の内実として、「時と依と同なり、所縁と事と等し、故に相応と名づく」（『成唯識論』、新導本巻第三、四頁）と言われています。依とは、所依すなわち根（器官）のこと、所縁は相分《そうぶん》のことです。識にはその中に対象面と主観面があるものを言うのであり、すなわち相分（対象面）と見分《けんぶん》（主観面）とがあるのです（後述も参照されたい）。同様に心所有法もまた相分と見分とを有しており、その相分は相応する心王の相分と同じものとなっているというのです。事が等しいとは、心王一つに対して、心所有法もそれぞれ一つずつ相応するということです。

なお、このように色法などをも分析しているのに、なぜ唯識というのか、との疑問を抱くことでしょう。それは、次のような次第で、両者は矛盾するものではないのです。

まず無為法は、要は真如であり、その真如は有為法の本性でありますので、有為法の中に見いだされるべきものであります。次に、心不相応法は、心法（心王と心所）と色法の上に仮設されたものであって、実は実質のあるものではありません。さらに色法は、心王・心所の相分に求められるべきものです。そうすると、実法としては、心王・心所にきわまることになります。逆に唯識ということは、実は唯心王ということではなく、実際には、唯だ心王・心所のみということなのです。このようなわけで、唯識と五位百法とは矛盾しないのです。

唯識説では、人人唯識と言って、一人一人が八識から成り立っていると説きます。阿頼耶識も個々各別であって、ゆえに身体のみならず環境世界も個々別々であることになります。ただ人間界に生まれたものには、それぞれの人に同等の環境世界があり、しかも識なので物理的に相互に排除することはないことになります。その八つの心王・心所有法が、縁にしたがって刹那刹那、生じては滅し、生じては滅しして、相続されつつ流れているのです。それが我々の世界の原風景であると、唯識思想は説明するのです。我々が常住不変の自我や物があると見なしているのは、そうした八識及び心所有法の相分・見分の上に、主に意識が言語を通じてそのようなものがあると錯覚するからなのです。

ともあれ、こうして五位百法のアビダルマと唯識ということとは、矛盾するものではないのです。ここには、ある意味で、科学と哲学とが統合されている姿があると言えましょう。

科学と仏教の差異について

しかし、自然科学の世界の分析と、仏教のアビダルマ（世界の構成要素の分析）と、中身はかなり異なっていることも事実です。ゆえに仏教は科学と矛盾しないとしても、同質のものとはけっして言いえないことも、よく弁えるべきです。

確かに両者ともに要素還元主義であることは、共通しています。しかし自然科学は、自然界（環境世界や生体等）を詳しく分析するのに対し、仏教での色法の分析はいかにもおおざっぱです。これに対して仏教では心の分析がけっこう緻密ですが、自然科学にはそのことはありません。もちろん人文科学か社会科学において、例えば実験心理学など、心の分析はそれなりに詳細に進められていましょうが、唯識思想の心の分析ほど体系的で精緻なものになってはいないのではないでしょうか。

よく、どうして東洋では自然科学が発達しなかったのか、との問いが提起されます。仏教から見た時、それは関心のありかが人間の心に、あるいは生き方そのものにあったので、外界の分析には向かわなかったからだ、と考えられます。大乗仏教は、誰もが仏に成っていくことを目指す宗教です。このことを唯識思想的に言えば、八識が転じて、大円鏡智《だいえんきょうち》・平等性智《びょうどうしょうち》・妙観察智《みょうかんざつち》・成所作智《じょうしょさち》の四智を完成することです。すなわち、阿頼耶識は大円鏡智となります。大きな丸い鏡のような智慧ということで、宇宙の森羅万象をそこに映し出しているような智慧です。末那識は、平等性智となります。自我に執着していた末那識は、自他平等性（さらには一切法平等性）を覚る智慧となるのです。その平等性とは、真如のことでもあります。意識は、妙観察智となります。説法の主体ともなる智慧です。眼識・耳識・鼻識・舌識・身識の五識（まとめて前五識ともいう）は、成所作智となります。これは、所作を成ずる智のことで、所作とは作すべき所、本願（修行に入る時に立てた願）に誓った衆生救済の事業のことです。この全体を一言で言えば、自利利他円満、自覚覚他円満の自己を実現するということであります。

そのことを実現するためには、何がその阻害要因なのか、何がそのことの推進要因となるのかを徹底して究明する必要がありました。そこに煩悩・随煩悩の心、善の心等が詳しく分析されたのでした。このことに伴って、修行の方法も効果的に開発されたことでしょう。

こうして仏教と科学とは、やはりけっして同じとは言い得ません、基本的に異なった性格のものだと言わざるをえないのです。

科学の根本的な問題

のみならず、その方法論において根本的に異なっていることも、よく理解しておかなければならないと思われます。自然科学の立場は、主客二元論に立脚し、対象について要素還元主義的に分析していくものです。簡略に言えば、対象論理の中での要素還元主義です。今日、フラクタル理論とか、複雑系とか、この立場を超える科学も一部出てきているようですが、基本的にはその立場に基づくものでしょう。この立場では、対象に向かう主観の側、自己の側の分析がすっぽり抜けてしまうことになります。あたかも自分は世界の外にいて、そして世界を捉えているような構図になります。そこでは、自己という存在のことが、まったく問題にされないことになってしまいます。この構造は、自然科学のみでなく、人文科学、社会科学においても基本的に同様です。そういう立場では、いくら科学が進んだとしても、自己の問題、人間の問題はまったく視野に入らないことになりかねません。

やや横道に入ることになるかもしれませんが、そういう対象論理における要素還元主義の陥穽について、世界的な禅者・鈴木大拙（一八七〇〜一九六六）はつとに鋭く指摘していました。それは西洋の文化の根底への見方なのですが、次のようです。

ラテン語で divide et impera というのがある。英語に訳すると、divide and rule の義だという。すなわち「分けて制する」とでも邦訳すべきか。なんでも政治か軍事上の言葉らしい。相手になるものの勢力を分割して、其の間に闘争を起こさしめ、それで弱まるところを打って、屈服させるのである。ところが、この語は不思議に西洋思想や文化の特性を剴切に表現している。

分割は知性である。まず主と客とをわける。われと人、自分と世界、心と物、天と地、陰と陽、など、すべて分けることが知性である。主客の分別をつけないと、知識が成立せぬ。知るものと知られるもの――この二元制からわれらの知識が出てきて、それから次から次へと発展してゆく。哲学も科学も、何もかも、これから出る。個の世界、多の世界を見てゆくのが、西洋思想の特徴である。

それから、分けると、分けられた物の間に争いの起こるのは当然だ。すなわち、力の世界がそこから開けてくる。力とは勝負である。……この征服欲が力、すなわち各種のインペリアリズム（侵略主義）の実現となる。自由の一面にはこの性格が見られる。

（「東洋的な見方」『鈴木大拙全集』〔旧版〕第二〇巻、岩波書店、二八四～二八五頁）

科学の根底にある方法論の考え方が、実は力と征服欲につながっていることに、警鐘を鳴らしています。もちろん大拙は、科学を廃せよと主張することはしないでしょう。しかし主客分裂以後から出発するだけでなく、主客分裂以前の世界をよく自覚して、そこから人間の本来のあり方に沿う科学の展開を期待するものと思われます。対象論理の中のみでは、どうしても人間存在の十全な把握に不足が出てくるからであります。

仏教の知の特質

一方、仏教では、心の世界を詳しく解明していました。ここに、物と心とを同じ現象として同一の地平に並べて分析する姿勢が見いだされます。このことは、科学に人文科学があり、心理学などもあることとあまり変わらず、物と心の双方に対象的に関わり分析しているのみと思われるかもしれませんが、実はその根底に、その分析する主体そのものの自覚もふまえたものであることに注意を要します。むしろその主体そのもの、自己そのものの自覚、つまり覚りをいかに実現するかが仏教の根本的なテーマなのでありまして、その観点から心の分析もなされているのです。

このことに関連する仏教の知のあり方の特色を、一、二、紹介してみましょう。

唯識思想における識とは、前にもふれたように、その中に対象面を有していて、それを見たり聞いたり知覚したりしているもののことです。その識内の対象面を、術語において、相分といい、その主観面を見分というのでした。識とは、かならず相分と見分を有したものなのです。

ところで、我々は何かを見たという記憶をも有しています。このことが成立するには、相分を見分が見たことを、さらに見ているものがなければなりません。こうして見分を見るものも識に具わっていなければならないことになります。これを自証分というのです。ところが、自証分が見たものを、さらに確認するものもなければ、認識は完結しえないことになります。そこで自証分《じしょうぶん》を見る証自証分《しょうじしょうぶん》というものも立てられることになります。このように見ていくと、識には無限に確認するものが必要になりそうですが、証自証分が見たものは自証分が確認する、自証分と証自証分とは相互に確認し合うということで、悪無限は避けられるとします。こうして、唯識思想の識は、相分・見分・自証分・証自証分の四分から成り立っている、ということが説かれているのです。ここに、物と心とを見るまなざしへのさらに深い自覚が語られていると言えるでしょう。

もう一つ、仏教の覚りの智慧は、無分別智と呼ばれています。本来、実体としての主観もなく、実体としての客観もないのです。このことを見究めて、主客分裂が鎮められた地平を、一度は見ることが、仏教の覚りには必須のこととなっています。そこに純粋な自己そのもの、主体そのもの、いのちそのものを自覚するのです。しかしながら、その無分別智が究極であるわけでもありません。この覚りに達すると、おのずから分析的な智慧である後得智が生まれて、衆生済度の方便を巧みに設けていくことになるのです。五位百法のアビダルマは、単に分析的な知性によって語られたものなのではなく、無分別智を背景にした後得智によって語られた世界なのです。ここに、心が心を分析するに当たって、その機微をも十全に見通すことができたのだと思われます。

このように仏教の場合は、いわば「知の知」の地平が開かれているのです。しかし科学、とりわけ自然科学の世界では、知はその対象に向かうのみで、自らを顧みることがありません。そのように知のありかた自体が仏教と科学とでは異なっているのであり、その意味では安易に仏教は科学と矛盾しないとか、仏教は科学的で合理的である、とか言うべきではないと思うのです。

宗教の本質

加えて、宗教と科学とは、その目的において根本的に異なっていることを忘れるべきではないでしょう。純粋な科学自体は、ある意味では無目的なのかもしれません。ただ客観的真理を追求するのみかもしれません。それが学問というものでもありましょう。しかし明確に目的を自覚して、そのもとに研究を遂行しようとする研究者も、少なくないことでしょう。その場合の目的は、人間の幸福のために、社会の豊かさを増進するために等が基本になるのではないかと思われます。例えば、環境問題の解決のためにとか、SDGs の達成のためにとかいった、具体的な目標を念頭に置いての研究も確かにあることと思われます。

一方、宗教は必ずしも自己の幸福や拡充が目的なのではありません。こう言うと、意外に思われるかも知れませんが、宗教の目的は実はけっして幸福ではないのです。宗教とは、自己とは何か、自己のありかはどこか、ということが、根本的に問題となった世界のことなのです。このことを、西田幾多郎は次のように明らかにしています。

道徳の立場からは、自己の存在と云うことは問題とならない。如何に鋭敏なる良心と云えども、自己そのものの存在を問題とせない。何となれば、如何に罪悪深重と考えても、道徳は自己の存在からであるが故である。これを否定することは、道徳そのものを否定することに外ならない。道徳と宗教との立場が、かくも明に区別すべきであるにもかかわらず、多くの人に意識せられていないのである。

（「場所的論理と宗教的世界観」『西田幾多郎全集』〔旧版〕第一一巻、岩波書店、三九三頁）

宗教の問題は、我々の自己が、働くものとして如何にあるべきか、如何に働くべきかにあるのではなくして、我々の自己とはいかなる存在であるか、何であるかにあるのである。……人は往々、唯過ち迷う我々の自己の不完全性の立場から、宗教的要求を基礎付けようとする。しかし単にそう云う立場からは、宗教心と云うものが出て来るのではない。相場師でも過ち迷うのである。彼も深く自己の無力を悲しむのである。また宗教的に迷うと云うことは、自己の目的に迷うことではなくして、自己の在処に迷うことである。

（同前、四〇六～四〇七頁）

道徳の世界では、自己はいかに生きれば善とされるかが主題であって、その際、自己の存在は自明なものとして考えられており、何ら疑われていません。しかしその自己そのものが大きな疑問の対象となった時、宗教の世界が開けてくるのです。宗教の定義として、超越者（神・仏）への信仰といった仕方もありえるかもしれませんが、前述のように仏教は必ずしもその定義に合うわけでもありません。例えば禅宗では、「仏に逢えば仏を殺し、祖に逢えば祖を殺す」という恐ろしい言葉さえあるのです。しかし自己の探究こそが宗教であると定義すれば、それはより広範な宗教にあてはまることでしょう。禅宗は、まさに己事究明の道です。特に仏教は、まさにこのことに深いうなづきを得、その意味での覚りを成就する道なのです。ここに、宗教ないし仏教と科学との本質的な違いがあります。

仏教の科学に対する役割

しかしだからと言って、仏教は科学を否定するというわけではありません。宗教において、自己の存立基盤が自覚されたとき、他者も同じ存立基盤において成立していることが了解され、他者は単なる他者ではなく、本質的に自己と同等（平等）であり、かつ相互に関係しあって成立していることも深く理解されることでしょう。しかも他者の存立なしに自己の存立もないこと、他者を人格的に尊重してこそ自己も人格的となれること、そういう事態が了解されてくることでしょう。

以上のことを、鈴木大拙は解り易く、次のように言っています。

個己の人格的自主的価値性を認識して、これを尊重することは、力の世界では不可能なことである。力より以上のものに撞着しない限り、そのような余裕は力のみの中からは出てこない。自らの価値を尊重するが故に他の（価値）をもまた尊重するということは、自と他とがいずれもより大なるものの中に生きているとの自覚から出るのである。自と他とはそれより大なるものの中に同等の地位を占めて対立しているのである。より大なるものに包まれているということは、自をそれで否定することである。換言すると、自の否定によりて自はそのより大なるものに生きる。そして兼ねてそこにおいて他と対して立つのである。自に他を見、他に自を見るとき、両者の間に起こる関係が個個の人格の尊である。仏者はこれを平等即差別、差別即平等の理といっている。

（「霊性的日本の建設」『鈴木大拙全集』〔旧版〕第九巻、一三八頁）

こうなると、自ら主人公となることは、他をしてまた他自らの主人公たらしめることでなくてはならぬ。これはどのような意味かというに、自らを重んずるは他を重んずるものであるということである。即ち自分が道徳的人格であることを自覚するものは、またよく他の道徳的人格たることを認むるものである。孔子は、「己立たんと欲して人を立つ」というが、当時は如何なる意味に解せられたにしても、今日自分等の解釈によれば、「己立つ」は自家の道徳的人格を意識することである、さうしてこの意識は自家底のみで成立するものでなくて、まず「人の立つ」ことが要請せられる。人が立てば己も自ら立つことになる。己だけを立てんとすると、ついには人を立たしめざることになるのである。事実、己だけが立ち得べき理由はないのである。

（「自主的に考へる」同前、三一九頁）

同じことを、西田はより哲学的に、次のように説いています。

しかし私と汝とは単に相対して相い了解するということによって、私と汝とであるのではない。私が汝を認めることによって私であり、汝が私を認めることによって汝であるというのは、そういうことを意味するのではない、汝が私の存在条件となり、私が汝の存在条件となるということでなければならない。……私が汝を認めることによって私であり、汝が私を認めることによって汝であるということは、私が私自身を否定することによって私であり、汝は汝自身を否定することによって汝である、我々は互いに自己否定によって我々であるということを意味していなければならない。そこに当為というものが考えられねばならぬ。絶対に他なるものの結合には当為の意味がなければならぬ。

（「現実の世界の論理的構造」「哲学の根本問題　続編」『西田幾多郎全集』〈旧版〉第七巻、二七一〜二七二頁）

こうして、自己の徹底した究明の果てに、他者と協働しつつ、すべての各人が自己本来のいのちを十全に発揮できるよう、はたらいていくことになります。仏教の立場に立つとき、そういう目標の下に、科学を利用・活用していくことを、自覚的に目指していくことになるでしょう。

つまり宗教は科学の方向性や応用の範囲を主導していくことが可能であり、そのとき科学はもっとも意義深いものとなるということです。もちろん、宗教でなくとも、倫理・哲学が科学の行方を導いていくことも、考えられてよいことです。とりわけ生命倫理、環境倫理等の学問に、科学者や技術者は謙虚に耳を傾けるべきであり、逆に哲学者や倫理学者は、テクノロジーがあまりにも発達しすぎた現代社会の深刻な倫理問題には、積極的に発言していくべきです。さらに宗教は人間存在の根源を問い、その深みからよみがえる道であって、もっとも深くいのちの本質を把握しているはずであり、そこからなされる科学の世界への発言は、非常に重みのあるものとなるはずです。また宗教はそういう責任を果たしていくべきです。卑近な例を言えば、やはり前にふれた環境問題にどういう姿勢で臨むか、SDGs にどういう姿勢で臨むか等について、信徒に対して、また一般市民に対して、それもグローバルな視野のもとに発信すべきだと思うのです。

一つのまとめ

以上、宗教と科学のあいだについて、思いつくままに述べてきました。まとめますと、宗教の中でも特に仏教は、科学と相通じる一面はありますが、その知のありようは本質的に異なっています。科学それ自身は真理の探究を使命としており、その応用の方向を決めるものは科学自身にはなく、哲学等の指導をあおぐべきものであります。また科学は対象の究明に終始し、主観の側、自己そのものを究明することはできません。そこに実は大きな欠落部分があることを自覚したうえで、研究を進めることが必要です。仏教は自己そのものを問題とし、自己そのものの自覚をめざすもので、そこに展開される知のありかたには、科学よりもはるかに深いものがあります。その知を通じて、自己を超えたものにおいて自己があることを了解するとともに、自己のいのちと他己のいのちの十全な実現を目指してはたらくことになるはずです。その方向性において、科学を善導・活用していくことがおのずから期待されます。

このように、仏教と科学とは、安易に調和するなどと見るべきでなく、両者の間にある本質的な違いをよく認識して、しかも仏教は適切に科学を指導すべきだと思うのです。

密教の科学に対する役割

最後に、仏教の中でも特に密教と科学の問題について一言、ふれておきたいと思います。

空海の密教の核心を、私は『秘密曼荼羅十住心論』の次の箇所に見ます。

> 秘密荘厳住心《ひみつしょうごんじゅうしん》といっぱ、即ち是れ究竟じて自心の源底を覚知し、実の如く自身の数量を証悟するなり。謂《い》わ所《ゆ》る、胎蔵海会《たいぞうかいえ》の曼荼羅と、金剛界会の曼荼羅と、金剛頂十八会《じゅうはって》の曼荼羅と是れなり。是くの如くの曼荼羅に、各各に四種曼荼羅・四智印等有り。四種と言っぱ、摩訶と三昧耶《さんまや》と達磨《だつま》と羯磨《かつま》と是れなり。是くの如き四種曼荼羅、其の数無量なり。刹塵《せつじん》も喩に非ず、海滴《かいてき》も何ぞ比せん。
>
> （『定本　弘法大師全集』〈以下、『定本』〉第二巻、三〇七頁）

すなわち、自己の心の源底に曼荼羅があるということです。詳しいことは省きますが、要は自己は本質的に他者と共生・協働のいのちを生きているということです。ここを『即身成仏義』では、「重重帝《じゅうじゅうたい》網《もう》のごとくなるを即身と名づく」と言っていました。自己はもとより一切の他者であり、一切の他者は自己であって、しかも各々の自己はかけがえのない存在であります。その意味で、自己はもとより曼荼羅そのものなのです。

そういう自己の存在構造を自覚する中で（人文科学）、誰もが本来の自己を発揮し、実現できるよう、現実社会の仕組みをも考えていくべきです（社会科学）。さらにその仕組みを実現すべく、科学（自然科学）を用いていくのでなければなりません。前に宗教ないし仏教は科学を導くべきだと述べましたが、自己の共同体性をもとより明確に自覚している密教こそ、その方向性においてより積極的に、現実社会のただ中で科学を導いていくべきであります。

空海は、自己即曼荼羅・曼荼羅即自己を高らかに謳っています。その自己の原構造は、おのずから社会の原構造に直結していることでありましょう。それは自然科学等のありかた、方向性を、おのずから導いていくことになりえるでしょう。真言宗はこのことを、どこまでも追究し、発信していくべきだと思うのです。

しかも空海の仏道の全体は、「菩提心・菩提行・証菩提・般涅槃・具足方便智（方便善巧智円満）」にあります。このことは、例えば『秘蔵宝鑰』（『菩提心論』の引用）では、a＝阿字が展開して種種の意味を表す様子を描くところに、次のように示されています。

毗盧舎那経の疏に准ぜば、阿字を釈すに具に五義有り、一には阿字短声（a）、是れ菩提心なり。二には阿字引声（ā）、是れ菩提行なり。三には暗字短声（aṃ）、是れ証菩提の義なり。四には悪字短声（aḥ）、是れ般涅槃の義なり。五には悪字引声（āḥ）、是れ具足方便智の義なり。

（『定本』第三巻、一七一頁）

このように、一つの「阿」字が、要は菩提心、菩提行、証菩提、般涅槃のみならず、さらに具足方便智という衆生救済の働きまで意味することになるといいます。なお、この阿字と菩提心等との関係は、『法華経開題』「開示茲大乗経」にも出ています（『定本』第四巻、一六五〜一六六頁）。

さらに、『秘蔵宝鑰』では、この阿字について、前の説示に続けて次の説明もあります。

> 又た、阿字を将って法花経の中の開示悟入の四字に配解《はいげ》す。開の字とは仏の知見を開き、双《なら》べて菩提心を開く。初の阿字（a）の如し。是れ菩提心の義なり。示の字とは仏知見を示す。第二の阿字（ā）の如し。是れ菩提行の義なり。悟の字とは仏知見を悟る。第三の暗字（aṃ）の如し。是れ証菩提の義なり。入の字とは仏知見に入る。第四の悪字（aḥ）の如し。是れ般涅槃《はつねはん》の義なり。総じて之を言わば、具足成就の第五の悪字（āḥ）なり。是れ方便善巧智《ぜんぎょうち》円満の義なり。
>
> （『定本』第三巻、一七一頁）

釈尊はなぜわざわざ姿・形をとってこの世に現れて下さったのか。その事由のことを、「一大事因縁」と言います。『法華経』によれば、それは仏知見、すなわち覚りの智慧を衆生に「開示悟入」させるためだとあります。人々に仏知見を、開き、示し、悟らしめ、入らしめるため、というのです。この「開示悟入」と「阿」字を対照させると、同じ一つの「阿」字が、そのそれぞれの意味を持っているといいます。それは順に、菩提心・菩提行・証菩提・般涅槃・具足成就にもほかならないというのです。ここにも、第五に具足成就、また方便善巧智円満が加えられていることは、前に述べたように成仏後の大悲の活動を深く重視しているからでありましょう。しかも、それまでの発心・修行・菩提・涅槃の全体は、この具足成就すなわち方便善巧智円満にもほかならないというのです。

よく大乗仏教では「発心・修行・菩提・涅槃」という句で仏道の全体を語ることありますが、密教の場合には発心・修行・菩提・涅槃・方便と、最後の方便において衆生救済の働きまでが含まれています。その全体で仏道だということ、および修行の完成は方便に帰するということは、よく大乗、一乗の本意に契っていることです。この見方は、密教の核心ともいうべき『大日経』の有名な三句「菩提心を因と為し、悲を根本と為し、方便を究竟《くきょう》と為す」（大正一八巻、一頁上～下）の理念を正しく受け継いでいるものであります。

この成仏後の方便ということを欠いては、空海の密教にはなりえません。しかも実は成仏は、この世の内に実現するのみでなく、なんとすでに凡夫においても実現していることなのです。『即身成仏義』において、「法然《ほうねん》に薩般若《さはんにゃ》を具足して」（「即身成仏頌」）とあるのは、このことを意味しています。空海の密教からすれば、我々はもとより成仏していて、「是の如きの自他の四法身は、法然として輪円せる我が三密なり」（『秘密曼荼羅十住心論』の帰敬頌《ききょうじゅ》、『定本』第二巻、二頁）なのです。ゆえに真言宗の僧俗は、今こそこの方便をめぐらして、科学の実践を我々の曼荼羅世界を実現する社会体制にふさわしいよう、導くべきであると思わずにはいられないのであります。

唯識　五位百法の概要

心王

眼識（視覚）・耳識（聴覚）・鼻識（嗅覚）・舌識（味覚）・身識（触覚）・意識（知覚）・末那識（常時の我執）・阿頼耶識（蔵識）

心所有法

〔遍行〕

触（心・心所を境に接触させ、感覚・知覚等を成立させる）・

作意（心を現行させる）・　受（苦楽の感情）・

想（認知作用）・　思（心を働かせる）

〔別境〕

欲（欲求）・　勝解（断定的な了解）・

念（記憶）・　定（心の統一）・

慧（分析的知性）

〔善〕

信（理解・憧れ・意欲）・　慚（善の尊重）・　愧（悪の排斥）・

無貪（貪らず）・　無瞋（怒らず）・

無癡（無明のないこと）・　勤（努力精進）・

軽安（身心の快調なること）・　不放逸（したい放題に振舞わず）・

行捨（常に平静）・　不害（思いやり）

〔煩悩〕

貪（貪り）・　瞋（怒り）・

癡（無明）・　慢（他人と比較して自己を守る）・

疑（仏道への猶予）・　悪見（間違った見解）

〔随煩悩〕

忿（いきどおり）・　恨（うらみ）・

覆（しらばっくれ）・　悩（きつい口撃）・

嫉（しっと）・　慳（ものおしみ）・

誑（たぶらかし）・　諂（言いくるめ）・

害（攻撃心）・　憍（うぬぼれ）・

無慚（慚の念のないこと）・　無愧（愧の念のないこと）・

掉挙（そう状態）・　惛沈（うつ状態）・

不信（信のないこと）・　懈怠（なまけ）・

放逸（したい放題）・　失念（記憶の喪失）・

散乱（心のうわつき）・　不正知（誤まった認識）

〔不定〕
悔（後悔）・　眠（睡眠への導入）・
尋（言葉を粗く探す）・　伺（言葉を細かく探す）

色法
眼根（視覚器官）・　耳根（聴覚器官）・
鼻根（嗅覚器官）・　舌根（味覚器官）・
身根（触覚器官）・　色境（視覚対象）・
声境（聴覚対象）・　香境（嗅覚対象）・
味境（味覚対象）・　触境（触覚対象）・
法処所摂色（意識の対象の物質）

心不相応法
得（技芸などを身につけさせる）・　命根（寿命）・
衆同分（種）・　異生性（凡夫性）・
無想定（無想天に上る要因となる禅定）・　滅尽定（聖者の修する禅定）・
無想事（無想天。外道は涅槃と誤まる）・　名身（単語のすべて）・
句身（文章のすべて）・　文身（母音・子音のすべて）・
生（事物を生じさせる）・　老（事物を変化させる）・
住（事物を維持させる）・　無常（事物を無に帰させる）・
流転（因果の流れが不断であること）・　定異（善の因と悪の因、善の果と悪の果が決定して異なること）・
相応（善因には善果、悪因には悪果が必ずもたらされること）・
勢速（因果の流れの速いこと）・　次第（事物に前後の秩序のあること）・
方（方角）・　時（時間）・
数（数量）・　和合（因から果に多くの縁が介在すること）・
不和合（因縁が合わないこと）

無為法
虚空（真如が虚空のようであること）・
択滅（智慧の力によって雑染を滅して得た真如）・
非択滅（智慧による所得にかかわらない真如）・
不動（真如が苦・楽を離れていること）・
想受滅（真如が想も受も離れていること）・
真如（事物の本性、法性）

講演Ⅲ

星の最期とその後

川中 宣太・京都大学基礎物理学研究所　研究員

【略歴】

二〇〇八年　京都大学大学院理学研究科物理学・宇宙物理学専攻博士課程修了

東京大学ビッグバン宇宙国際研究センター特任研究員、高エネルギー加速器研究機構博士研究員、ヘブライ大学ポスドク研究員、東京大学理学系研究科助教、京都大学白眉センター特定准教授を経て、二〇二一年より現職

はじめに

京都大学基礎物理学研究所　研究員の川中宣太です。今回「星の最期とその後」というタイトルでお話させていただきます。

このお話の主題はざっくり言ってしまえば「星が一生を終えた後の姿」です。と言ってしまうと何だか暗い話のように聞こえるかもしれませんが、実は星は普通に輝くのをやめて一生を終えた後の方がよっぽど激しく派手な現象を引き起こすことが知られています。だからこそ、私たちもそんな現象を研究していて楽しんでいるところがあります。今回はその楽しさを少しでも皆さんにお伝えできればと思います。

星の一生

星が一生を終えるとはどういうことでしょうか。その前にはまず星が「生きている」とはどういう状態かを知る必要があります。例えば我々にとって最も身近な星（恒星）は太陽です。太陽は明らかに「生きている」星といえますが、ではどうやって「生きている」のでしょうか。太陽は地球のおよそ33万倍の質量をもっています。そのため、単純に考えると重力で内側に潰れようとするはずです。でも太陽が徐々に潰れていっているということはありません。それは重力で潰れようとすると内側からガスや輻射

図１　星に働く重力（内向き矢印）とそれに対して押し返す圧力（外向き矢印）。

（光）の圧力によって外に向かって押し返すからです。この重力と圧力が釣り合うことによって太陽などの星は形を保っているわけです（図１）。なぜ潰れようとすると圧力が押し返すのか。それは、星の中心部で核融合反応というエネルギー生成過程が起こるからです。星が重力で潰れると密度が上昇し、原子核どうしの距離が小さくなるため互いにぶつかりやすくなります。その結果、原子核が融合して重い原子核が形成されます。これが核融合反応です。核融合反応が起こるとエネルギーが放出され、それによってガスが加熱され圧力が上昇します。この圧力が重力に抵抗できるので、星は形を保つことができるというわけです。太陽の場合、最も多い原子核である水素（陽子）が核融合反応によってヘリウムに変わる過程が圧力源となるエネルギーを主に出しています。では、何らかの理由でこの核融合反応が起こらなくなるとどうなるのか。これが「星が一生を終える」ということに関係してきます。

■星の最期とその後

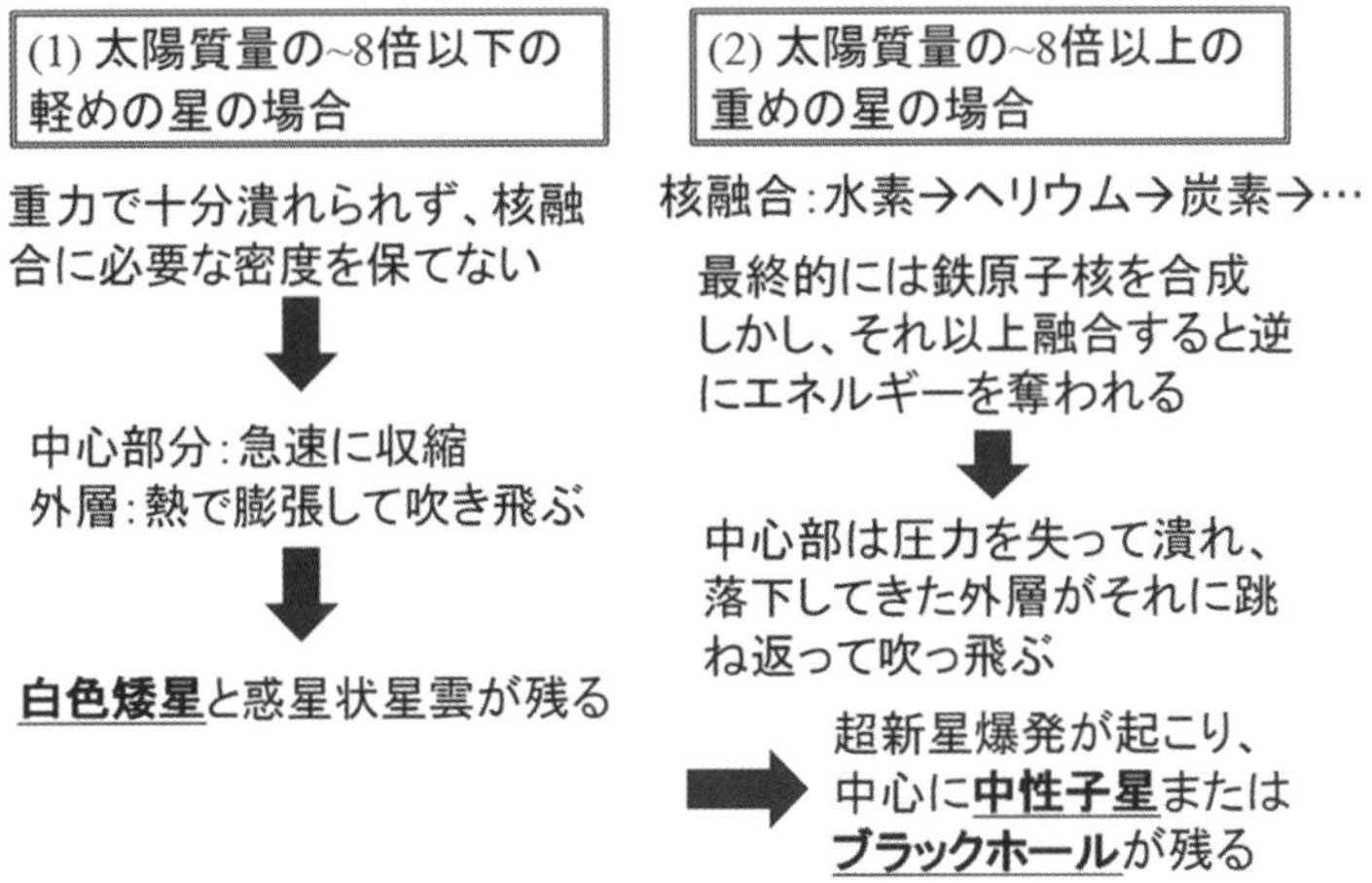
(1) 太陽質量の~8倍以下の軽めの星の場合
重力で十分潰れられず、核融合に必要な密度を保てない
中心部分:急速に収縮
外層:熱で膨張して吹き飛ぶ
白色矮星と惑星状星雲が残る
(2) 太陽質量の~8倍以上の重めの星の場合
核融合:水素→ヘリウム→炭素→…
最終的には鉄原子核を合成
しかし、それ以上融合すると逆にエネルギーを奪われる
中心部は圧力を失って潰れ、落下してきた外層がそれに跳ね返って吹っ飛ぶ
超新星爆発が起こり、中心に中性子星またはブラックホールが残る

図2　星の一生の終え方の概略。太字で書かれているものが高密度天体。

実は星の一生の終え方には二種類のパターンがあります。どちらのパターンをとるかは星が生まれたときの質量が、⑴太陽の8倍以下か、⑵太陽の8倍以上かで決まっています。まず⑴の比較的軽めの星の場合ですが、こちらは重力が弱いのであまり潰れず、星の中心部の密度がそこまで高くなりません。すると核融合反応が効率よく起こらなくなります。その結果、中心部は圧力源を失い、重力によって潰れてしまいます。この潰れた中心部から形成されるのが白色矮星と呼ばれる天体です。太陽も最終的に白色矮星になると考えられています。この白色矮星の詳細については後にお話しします。続いて⑵の重めの星の場合ですが、こちらは重力が強く中心部の密度はどんどん高くなるので、核融合反応も効率的に起こります。その結果、水素からヘリウム、ヘリウムから炭素、炭素から酸素といった具合にどんどん重い原子核を作ることによってエネルギーが生成され続けます。しかし、この過程にも終わりが来ます。

それは核融合反応の結果中心部が鉄の原子核で満たされたときです。実は鉄の原子核はこれ以上核融合反応で重い原子核になろうとすると、エネルギーを放出するどころか逆に吸収する必要があります。つまりこの段階ではもはや核融合反応のエネルギーで重力を支えるということができなくなります。すると(1)と同様やはり星の中心部は圧力源を失って潰れます。ただその末路は(1)と異なります。この場合は、重力崩壊に伴って生じる衝撃波が星の外層を吹き飛ばすという、いわゆる超新星爆発が起きます。この超新星爆発が起こると、中心には中性子星という天体、もしくはブラックホールが残ります（図2）。(1)の場合に残った白色矮星とこの中性子星、ブラックホールをまとめて「高密度天体」と呼びます。これらはいずれも、核融合反応を終え圧力を失った星の中心部分が重力的に収縮し押し固められてできた天体、というわけです。

白色矮星〜軽めの星の末路〜

では、まず白色矮星の説明から始めましょう。先程も申しましたとおり、白色矮星は太陽の8倍以下の比較的軽めの星が一生を終えた後の姿です。ですので、太陽も一生を終えると白色矮星になると考えられています。その質量は太陽と同程度ですが、大きさは地球と同じくらいです。なので非常に高密度な天体であり、角砂糖一個程度の大きさ（$1cm^3$）で車一台分（1トン）もの重さになります。実際に観測でも見えていて、例えばおおいぬ座の一等星シリウスのすぐそばにある青白い天体、シリウスBが白色矮星であることが分かっています。

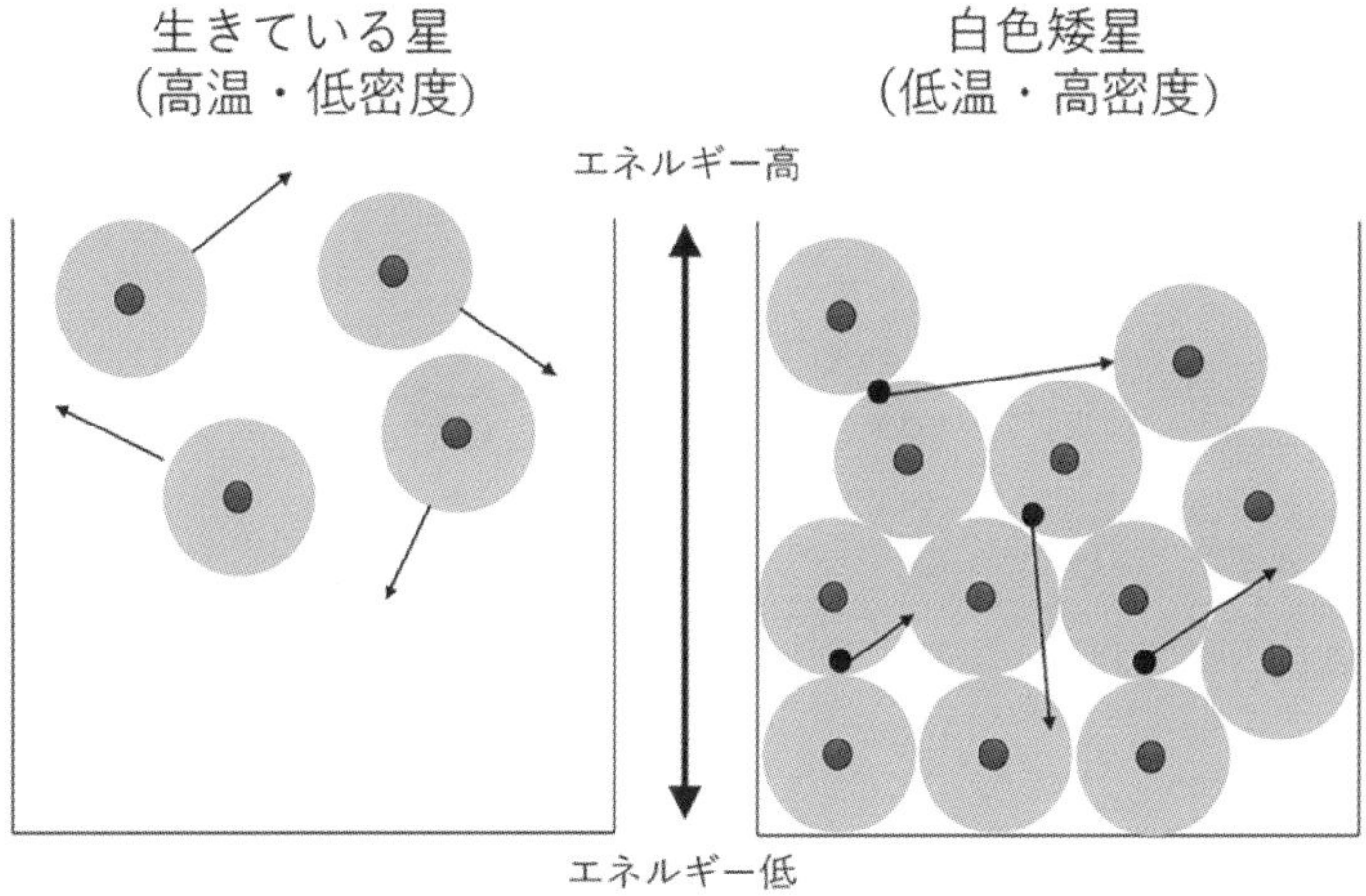

図3　生きている星と白色矮星の中での粒子の振る舞いの違いを模式的に表した図。

さて、この白色矮星ですが、先程ご説明したとおり既に内部では核融合反応は起こっていません。ですので、かつて星だったときにその重力を支えていた圧力を生み出すエネルギー源はもはや存在しません。ではどうやって白色矮星はその形を保っているのでしょうか。生きている星の場合は核融合反応のおかげで星内部のガスが高温となり、ガス中の原子核や電子が高いエネルギーを持って飛び回ることができるおかげで、高い圧力が生まれます。一方で白色矮星は温度が低いので、普通に考えると高いエネルギーの粒子はほとんどいません。しかし、実は白色矮星は非常に高密度であるという特徴があります。実はそのおかげで、白色矮星内の電子の一部が否応なしに高いエネルギーを持つという状況が生まれます（図3）。この高いエネルギーをもった電子が担う圧力のことを縮退圧といい、白色矮星では核融合反応が起きないかわりに、この縮退圧で重力を支えているのです。この「電子が否応なしに高エネルギーになる」というのがどういうことか、例を挙げて説明しましょう。今のご時世では私の大学でも大人数で講義を行うということは殆どありませんが、少なくとも一昨年までは二〇〇人以上を収容できるような教室で講義をする機会もありました。大学の授業は高校までと違い、個人の座席は決まっていません。例えば二〇〇人が入る教室の中に二〇人くらいしか学生がいない場合、学生はどこでも好きな席に座れます。ではこの場合学生がどの席に座るかはどういう要因によって決まるかというと、学生の「やる気」です。例えば学生が向学心に溢れていて先生の授業をしっかり聞きたい、あわよくば質問もしてみたい、と考えているなら、座る席は必然的に前方になります。反対に学生がそこまで授業に前向きでなく、出席点だけは欲しいから一応教室には出向くが先生に当てられたくない、といった気持ちだと後ろの方の席に座りがちです。しかし、二〇〇人入りの教室に満員に近いくらいの学生が来たとき、話は全く変わってきます。このような場合、多くの席はあっという間に埋まってしまいます。その結果、やる気がないにも関わらず一部の学生が否応無しに最前列の席に座らざるを得なくなる、という状況が発生します。急に何の話を始めたのかとお思いでしょうが、これが白色矮星の中で起こっていることと非常に近いのです。星の内部は比較的希薄で高温なので、少ない学生たちがやる気のある状態で教室にいる状態と似ています。この場合は前の方の席に学生が座りますが、これはガス中のエネルギーが高くなることに相当します。対して白色矮星の内部は低温かつ高密度ですので、教室がやる気のない学生でほぼ満員になっている状況と似ています。そしてこのとき、一部の学生が否応なしに前方の席に座るように、白色矮星の中の電子も一部が否応なしに高いエネルギーをもってしまうのです。この電子のおかげで縮退圧が生まれ、白色矮星は核融合反応なしでも重力を支えることができるわけです。

ではこの縮退圧さえあれば核融合反応などなくても天体は潰れずに済むのか、というと実はそうではありません。それについて研究をしたのがインド人の天文学者チャンドラセカールです。チャンドラセカールは「相対論的縮退圧」というものについて研究し、その結果「太陽の1・4倍より重い白色矮星は、自らの形状を縮退圧で支えられない」ことを理論的に証明しました。つまり、ある程度重い白色矮星ができてしまうと電子の縮退圧ですらも重力には対抗できないことが分かったのです。後でご説明しますが、このチャンドラセカールの成果はブラックホールの研究にも大きな役割を果たすという意味で大発見でした。これによりチャンドラセカールは一九八三年にノーベル物理学賞を受賞しています。

重い星の末路

さて、軽い星の末路の話の次は重い星の末路の話をしましょう。まず重い星が重力で潰れたあとに起こす超新星爆発についてです。正確には「重力崩壊型超新星爆発」と呼びます。先にお話ししたとおり、太陽質量の8倍以上の星が核融合反応の末に中心部分に鉄のコアを作ると、もはや核融合反応で圧力を保つことができず、重力によって潰れるのですが、その後中心部はぐっと硬くなります。その際、潰れた中心部に向かって星の外層ガスが落下し、硬くなった中心部分にぶつかることで衝撃波が生まれ、その衝撃波が星の表面まで伝搬することで外層部分を吹き飛ばします。これが超新星爆発が起こるまでの大雑把な流れで、宇宙ではしょっちゅうこうした爆発がどこかの銀河で起こっているのが観測されています。しかし、見てきたようにお話ししましたが、この超新星爆発をコンピュータシミュレーションで完全に再現することは未だにできておらず、何か見落としている物理過程があるのではないかと今でも議論になっています。

そんな超新星爆発の結果中心に残される天体のひとつが中性子星です。中性子星はひとことで言うと、太陽の8倍から20倍程度の質量の星が最期に作る、主に中性子でできた高密度天体です。さらに中性子星の中には非常に強い磁石の力（磁場）をもつものがあり、その強さは約1兆ガウスと家庭用磁石の10億倍にもなります。中性子星の密度は白色矮星とは比べ物になりません。質量は太陽程度なのに大きさが半径10㎞程度と非常にコンパクトなので、角砂糖程度（$1cm^3$）の大きさで重さが数億トン（地球上の全人類の体重の合計程度）にもなります。ここまでの高密度だと電子の縮退圧では到底支えられません。そのかわり、中性子星には中性子がたくさんあるのでその縮退圧を使うことができます。厳密にはこれに核力という原子核の中で働く力が加わって重力を支えています。しかし、やはりチャンドラセカールの理論がここでも適用されて、中性子星にも限界質量が存在します。正確な値はまだはっきり分かっていませんが、だいたい太陽質量の2倍から3倍程度だとされています。この中性子星が初めて観測されたのは一九六七年のことでした。当時ケンブリッジ大学の教授だったヒューイッシュとその学生ベルが宇宙のある方向に、非常に規則正しい周期（1.3373011922秒）のパルスを示す電波源CP1919を発見しました。当時は「地球外生命体からのメッセージか」とも騒がれたのですが、実際はその正体は中性子星だったことが分かりました。この光り方は灯台によく似ています。灯台は光源のまわりに置かれたレンズが回転することによってピカッ、ピカッと周期的に光って見えますが、あれと同様に中性子星も高速回転することで観測されたような周期的パルスを示すのです（図4）。このような中性子星の

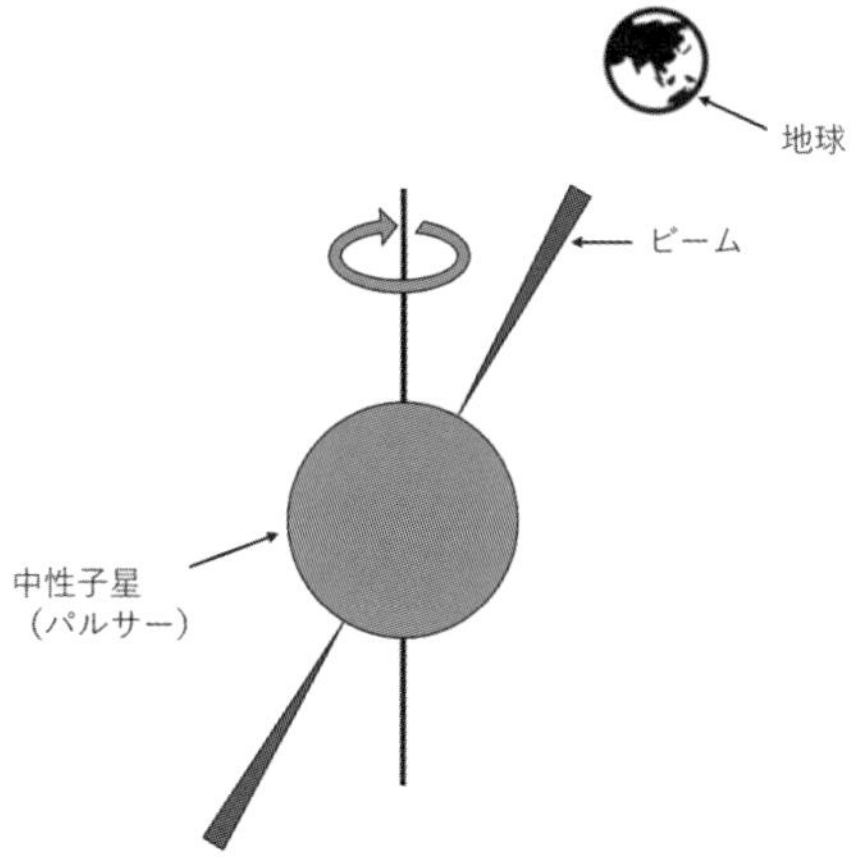

図４　パルサーが規則正しい周期のパルスを放つ仕組みの模式図。ビームを放射する軸が自転軸から傾いている。

ことをパルサーと呼び、今ではこのパルサーは銀河系内に約２６００個も発見されています。この中には周囲にプラズマを生成し、それを回転による遠心力で吹き飛ばしてパルサー風と呼ばれる流れを作るものもあります。このパルサー風が周囲のガスと衝突するとパルサー風星雲と呼ばれる構造を形成し、電波やX線などで明るく輝いています。このような派手な現象は生きている星にはなかなか見られないと言っていいでしょう。

ブラックホール

さて、先にお話したように超新星爆発の結果作られる高密度天体は中性子星以外にもう一つあります。それがブラックホールです。ブラックホールはあまりに重力が強いため、光すらも脱出できない領域である、という話は宇宙に関心のある方なら一度は耳にしたことがあるでしょう。しかしそんなものが本当に宇宙にできるのか。その疑問にお答えする前に、まずはブラックホールという概念の歴史を振り返ることにします。

時代は一八世紀末までさかのぼります。当時のフランスの数学者・物理学者ラプラスはこのようなことを考えました。「天体表面の重力は天体の質量を一定のままサイズを小さくすればするほど強くなる」「重力が強くなると、天体から宇宙に脱出するのに必要な速度（脱出速度）は大きくなる」「天体のサイズをどんどん小さくしていけばやがて脱出速度は光速（秒速30万km）を超え、いかなるものも脱出することが不可能になる」。これらは全て、ニュートンの万有引力の法則が正しいとしたときに可能な推論です。ラプラス自身このようなことが実際の宇宙で起こるとは信じておらず、あくまで理論上の話として考えていたはずですが、試しに地球を例にとってこの考察をしてみましょう。地球の質量は6.0×10^{24}kg、半径は6.4×10^{6}mで脱出速度は秒速11kmです。この地球の半径をものすごく縮めると脱出速度が光速になるはずですが、それはどれくらい縮めたときなのか計算してみますと、何と半径1cmというナンセンスな結果が出てきます。ラプラスがこんなことは実際の宇宙では起こらないと考えたのも無理はありません。

時代はとんで二〇世紀初頭、皆さんもよくご存じのドイツの物理学者アインシュタインが重力の新しい理論として「一般相対性理論」を提唱します。一般相対性理論は難解で説明が難しいのですが、あえてひとことで述べるとすれば「重力とは、物質が存在することによる時空の歪みが起源である」という内容です。つまり物質のせいで時空が歪んでいるために重力という力が存在するように見えているだけ、という考え方です。この一般相対性理論が発表された翌年、ドイツの天文学者シュヴァルツシルトが一般相対性理論に基づいてある時空構造を数学的に求めました。実はこの時空構造は、ある領域からは光すらも抜け出すことができないという性質をもったもので、ラプラスの考えたものと完全に対応するものでした。しかし、ラプラス同様、このような領域が現実の宇宙に存在するとは誰も（アインシュタインですら）信じていませんでした。

ところがここでチャンドラセカールの理論が登場するわけです。彼の発見をもう一度思い出してみましょう。「太陽の1・4倍より重い白色矮星は自らの重力を縮退圧で支えきれず潰れてしまう」というものでした。同様の理論から、中性子星も限界質量が存在し、ある程度重いものは重力崩壊を起こしてしまうことが分かっていました。ここから得られるのは、ある程度重い星（正確には太陽の約20倍以上の質量）なら一生を終えたあとに何にも支えられずどこまでも重力で潰れていくしかない、という結論です。どこまでも重力で潰れればサイズはどんどんコンパクトになり、やがてラプラスやシュヴァルツシルトの考えたような領域が生まれると考えられます。つまり、光すらも脱出できない領域は決して想像の中だけのものではなく、むしろ宇宙にありふれた存在かもしれないということがチャンドラセカールの理論から分かるわけです。これが明らかになった頃から物理学者たちはこの領域のことを「ブラックホール」と呼ぶようになりました。ちなみにこのブラックホールの形成を一般相対性理論に基づいて数学的に示したのは、今年（二〇二〇年）のノーベル物理学賞受賞者の一人であるロジャー・ペンローズ氏です。

■星の最期とその後

さて、理論的にブラックホールが重い星の最期の姿として形成されうることは分かりましたが、実際に観測されているのかというともちろんされています。しかもそれには日本人研究者が大きな役割を果たしています。一九六〇年代からロケットや人工衛星を用いてX線で天体を観測するという、X線天文学が大きく進展しました。そんな中、一九七一年に日本の天文学者小田稔らがはくちょう座にある近接連星系 Cygnus X-1 をX線天文衛星 Uhuru で観測しました。その結果、Cygnus X-1 のX線光度は1秒よりも短いような非常に短時間で激しく変動していることが分かりました。これは Cygnus X-1 の明るい放射が非常にコンパクトな領域に集中していることを示唆しています。このことから小田稔は論文に「Cygnus X-1 はブラックホールかもしれない」(Oda et al. 1971, ApJ, 166, L1) と記しました。これが天文観測の論文で「ブラックホール」という言葉が使われた世界で初めての例になりました。そして現在この Cygnus X-1 がブラックホールであることを疑う天文学者はいません。改めて小田稔の鋭い洞察力に驚かずにはいられません。

現在ではブラックホールは宇宙の様々な場所に存在していることが分かっています。例えば Cygnus X-1 のようなX線連星は太陽の3倍から20倍程度の質量のブラックホールを含んでいると考えられています。また、ほとんどの銀河の中心には太陽質量の100万倍から10億倍程度のブラックホールが存在することも分かっています。我々の棲む銀河系の中心にも太陽の400万倍の質量をもつブラックホールがあることが、二〇二〇年のノーベル物理学賞を受賞したゲンツェルとゲッツらにより発見されました。また、二〇一九年に報道された「ブラックホールの影」の撮影に成功したというニュースは皆さんの記憶にも新しいと思いますが、これは M87 という銀河の中心にある太陽の65億倍もの質量をもつ非常に大きなブラックホールです。世界中の電波望遠鏡を繋いで非常に高い解像度の画像を撮影することが可能になり、人類が初めてブラックホールの影を見ることができた、というわけです。「ブラックホールからは光すらも抜け出せないのになぜ観測できるのだろう」とお思いの方もいるでしょう。もちろん、

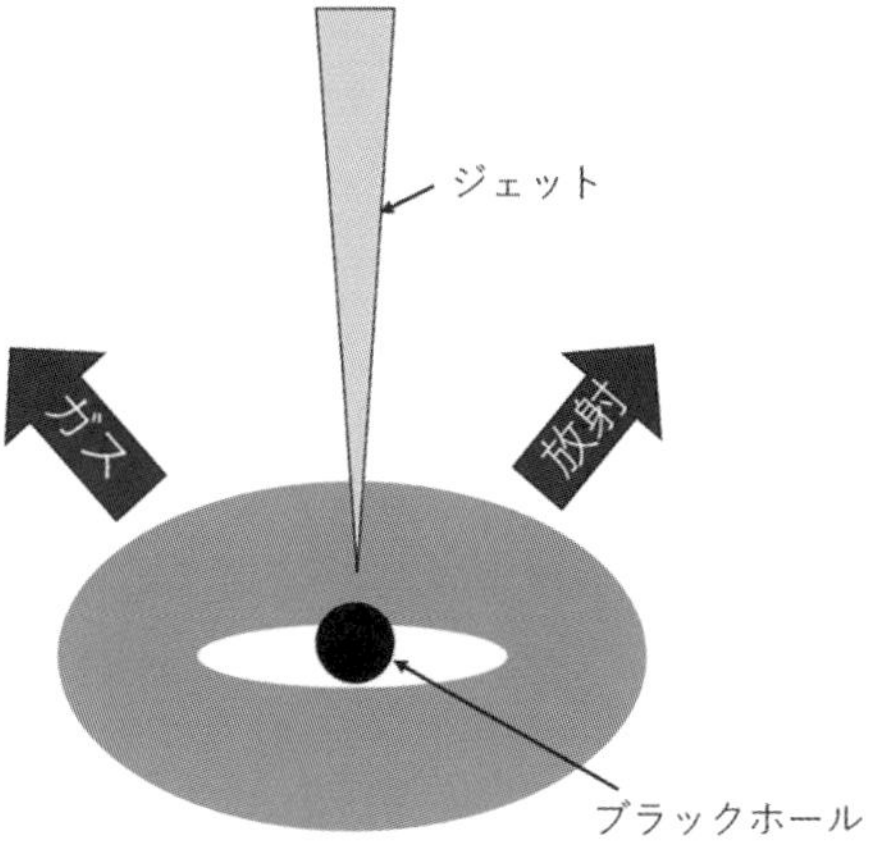

図5　ブラックホールとそれを取り巻くガス（降着円盤）から放射やガス、ジェットが放出される。

観測ではブラックホールそのものを見ているわけではありません。実はこれらのブラックホールには全て大量のガスが降り積もっており、それがブラックホールの近くで回転する円盤状の構造を形成することによって莫大なエネルギーを放射やガス、あるいは回転軸上に伸びる高速のエネルギー流（ジェット）のような形で生み出していることが分かっています（図5）。この円盤のことを「降着円盤」と呼び、ブラックホールの観測は正確にはこの降着円盤からX線などの放射が出ているのを見ている、ということになるわけです。M87のブラックホールの画像についても、ブラックホールそのものではなく、その周囲にあるガスが輝いているのを見ているということがお分かりいただけるでしょう。

高密度天体からのメッセージ

さて、これらの星が一生を終えた姿である高密度天体について深く調べていくためには様々な観測方法が必要です。例えば家庭用の望遠鏡では人間の目に見える電磁波である可視光を用いた観測ができますが、それだけでは高密度天体の激しい活動や高いエネルギーの振る舞いを全て捉えることはできません。例えばブラックホールを観測したX線や電波、さらにガンマ線、赤外線といった他の波長の電磁波を用いた観測も必要になってきます。

さらに電磁波にとどまらず、他の手段を用いて高密度天体の様子を探ることも近年可能になってきています。実は宇宙からは電磁波だけでなく宇宙線、ニュートリノ、重力波といったさまざまな天体からのメッセンジャーが地球に降り注いでいることが分かっています。宇宙線とは、宇宙空間を飛び交う高エネルギーの粒子（陽子、原子核、電子など）で、これらは超新星爆発や中性子星、ブラックホールといった高密度天体がその起源だと考えられています。この宇宙線のエネルギー分布やその組成、さらに到来方向などの情報から起源天体の性質を探るため、今でも人工衛星や国際宇宙ステーション、地上の大規模実験施設を用いた観測が続けられています。ニュートリノも宇宙空間を飛び交う粒子ですが、宇宙線と違って物質とほとんど相互作用しない素粒子です。これも超新星爆発の際に大量に放出されたり、あるいは宇宙線がガス粒子や光とぶつかることで生成されたりすることが分かっています。ニュートリノの観測は、水を溜めた巨大なタンクや南極の巨大な氷などを用います。ニュートリノは物質とほとんど相互作用しないと言いましたが、非常に僅かな確率で水の分子と衝突します。するとその反跳で電子や原子核が飛び出し、水や氷の中を高速で走ります。このとき、チェレンコフ光と呼ばれる特徴的な光が高速の粒子から放射されます。このチェレンコフ光を水タンクの内壁や氷の中に埋められている検出器がとらえることによって、ニュートリノの到来を知ることができるわけです。一九八七年、東京大学の小柴昌俊らのグループは、岐阜県の神岡鉱山の地下に作られた巨大な水タンク「カミオカンデ」を用いて超新星爆発が起源のニュートリノをとらえることに成功しました。これにより、小柴昌俊は二〇〇二年ノーベル物理学賞を受賞しています。カミオカンデは既にその役目を終えていますが、現在もスーパーカミオカンデなどの検出器が神岡鉱山で稼働しており、さらに南極にはアイスキューブというより高いエネルギーのニュートリノを検出できる施設があっていくつもの成果を挙げています。

重力波

もう一つ、今最も注目を集めている観測手段である重力波について少し詳しくお話しましょう。重力波とは何かを理解するために、このお話の前の方でも出てきたアインシュタインの一般相対性理論をもう一度思い出してください。一般相対性理論の主張はざっくり述べると「重力とは物質が存在することによる時空の歪みである」というものでした。この物質の質量が大きいと、それだけ時空は大きく歪むことになり、その結果強い重力が生まれることになるわけです。では、その時空を歪ませているところの物質が静止しておらずぐらぐら動くようなことがあれば、一体何が起こるか。だいたいご想像できると思いますが、時空の歪みも物質の動きとともにぐにゃぐにゃ変化することになります。しかもこの時空の歪みの変動は同じところにとどまらず、まるで水面を伝わる波紋のように遠方までどんどん伝わっていくことが一般相対性理論により分かります。これが重力波です。すなわち、重力波とは時空に現れるさざ波のようなものだと言えます。

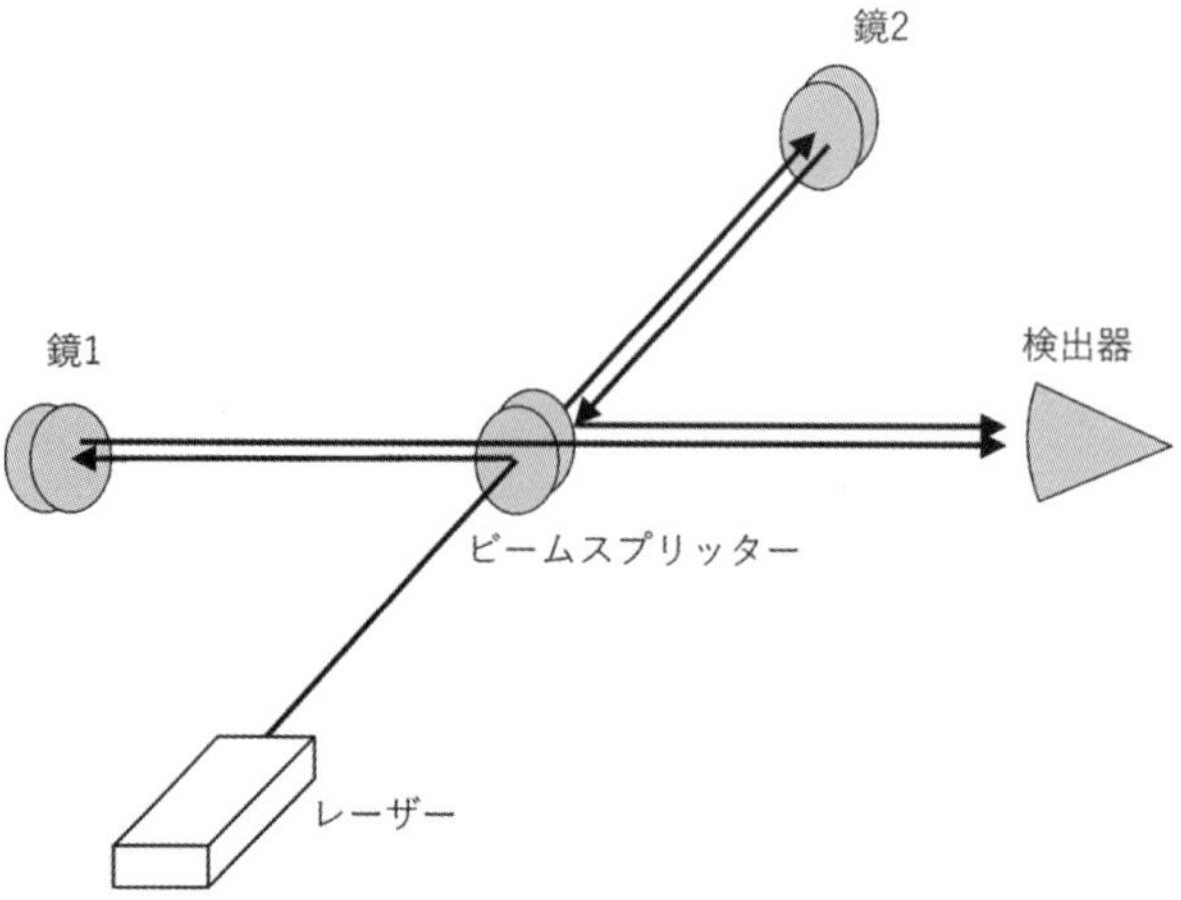

図6　重力波検出器の仕組みの概略。

この重力波、もちろん人間の目には見えません。ではどうやって観測するのかということですが、原理は意外にシンプルです（図6）。まずレーザーを発射できる光源を一つ用意し、そこから発射されたレーザーを直行する二方向に分割します。分割された二本のレーザーは遠方に置いた鏡によって反射され、分割したところまで戻ってきてから検出器に収められます。もし二方向の腕の長さが全く同じであれば、二本のレーザーは全く同じタイミングで検出器に入るはずです。しかし、もしここに重力波がやってくると時空が歪むため、二本の腕の長さは微妙にずれます。すると検出器にレーザーが入ってくるタイミングも少しずれます。このずれをとらえることで重力波の到来を知ることができる、というのが重力波干渉計の仕組みです。アメリカのワシントン州・ハンフォードとルイジアナ州・リビングストンにあるLIGO、イタリアのピサ近郊にあるVirgo、そして日本のこれまた神岡鉱山の地下にあるKAGRA

はいずれもこの原理を用いた重力波検出器です。

　重力波の世界初検出は二〇一五年九月一四日、LIGOによってなされました。検出された重力波の波形を解析することによって、この重力波は地球から13億光年離れた場所で太陽質量の30倍程度のブラックホール二個が合体したという現象によって放出されたことも分かりました。実はこのブラックホールの質量も大きな話題となりました。というのも、これまで天文学者が銀河系内で見つけていたブラックホールは（銀河系中心の巨大ブラックホールを除けば）X線連星にあるような太陽質量の20倍程度のものが最大でした。今回見つかったブラックホールは二個ともそれより重かったので、銀河系外には銀河系では作られないような重いブラックホールが生まれる環境がある、ということが分かったのです。これらのブラックホールの起源としては宇宙が誕生して間もない頃に形成された初代星が重力崩壊してできた、などの説が提唱されています。いずれにしましても、この重力波検出はアインシュタインが残した宿題に答えたという意味で物理学上の大発見であっただけでなく、重力波が宇宙を調べる道具として使えるということを示した意味で、重力波天文学の誕生の瞬間ともなったわけです。この発見により、LIGOの計画・建設に関わったワイス、バリッシュ、ソーンの三氏が二〇一七年のノーベル物理学賞を受賞しました。

　それと同じ年の二〇一七年、もう一つ重力波天文学の大発見がありました。八月一七日にLIGO/Virgoの協力体制によって約1億３０００万光年離れた場所で起こった中性子星どうしの合体からの重力波が検出されたのです。こちらも二〇一五年の発見と同様、重力波の波形から様々なことが分かったわけですが、さらに特筆すべきなのはこの合体をガンマ線、可視光、赤外線、電波といった電磁波でも観測することができたという点です。実は重力波観測はブラックホールどうしの合体のような目に見えない現象をとらえるのは得意ですが、その現象が起こった正確な位置を決めるのは非常に苦手です。その点、電磁波観測は位置決定の精度が高いため、今回の発見でも重力波観測の弱点を補い、宇宙のどの銀河のどの位置で中性子星どうしの合体が起こったのかを知ることができました。そしてそれだけではありません。可視光と赤外線の観測データを解析することにより、この中性子星どうしの合体にともなって大量の重元素が合成され宇宙空間に飛び散ったことが分かりました。重元素の中でも金やプラチナ、レアアースといった希少なものが作られており、その量は地球質量の1万倍程度と見積もられています。なんとも景気の良い話です。我々が宝石店などで見かける金やプラチナも実はもとを正せば遠い昔に銀河系で起こった中性子星合体から生まれたものなのかもしれません。

このように、重力波、電磁波、それに加えて宇宙線やニュートリノといった異なる観測手法が互いに協力しあうことで、天文現象の正体に迫るやり方をマルチメッセンジャー天文学と呼びます。二〇一七年のこの発見はまさにマルチメッセンジャー天文学の時代の到来を告げるものであったと言えます。今後さらにこの流れを推し進めていく上でも、異なる手法を用いる観測者どうしが互いに連携しあい、新たな天文現象の発見をただちに多様な観測でフォローアップできるようにすることが必要です。これを実現させられる観測装置の一つが、京都大学宇宙物理学教室・付属天文台が運用する口径3.8ｍの望遠鏡「せいめい」です。せいめい望遠鏡は岡山県南西部にある岡山天文台に二〇一八年に完成し、現在様々な天文現象の観測に活躍しています。このせいめい望遠鏡の注目すべき特徴は東アジア最大の口径と、20トンというその驚くべき軽さです。20トンと聞くと重いように感じられるかもしれませんが、この口径で架台まで含めて20トンというのはかなり軽量で、そのおかげで任意の方向に望遠鏡を1分以内で向けることができます。ですから例えば宇宙のどこかで超新星爆発が起こった、重力波が検出された、などといった情報が他の観測所からやってくれれば、すぐさまこのせいめい望遠鏡が向きを変えてその現象のフォローアップ観測を行い、天体の状況を事細かに調べることができるというわけです。まさにマルチメッセンジャー天文学時代の始まりにふさわしいタイミングで登場した理想的な観測施設だといえるでしょう。

まとめ

京都大学の施設の宣伝をしたところで、私のお話もまとめに入ります。白色矮星・中性子星・ブラックホールといった高密度天体は、星が核融合反応できなくなって一生を終えた後に残される天体である、というお話をしました。しかしこれら高密度天体は超新星爆発、パルサー、降着円盤などといった形で星として生きている間には見せなかった多様な振る舞いを我々に見せてくれることが分かっています。さらに、高密度天体は光（電磁波）のみならず、宇宙線・ニュートリノ・重力波といった多様な信号を放出しています。そして近年、天文学者はこれらの信号をかなりとらえることができるようになりました。それにより高密度天体の振る舞いが事細かに分かるようになり、その正体や形成過程に迫ることができるようになりつつあります。せいめい望遠鏡を含め、今後の高密度天体観測のさらなる進展に、皆さんもご期待いただければと思います。

宗教と科学の対話—宇宙の摂理への想い（その四）

2022年 10 月 12 日　初版第 1 刷発行

編　者　高野山大学
発行者　奥川　光寿
発行所　株式会社 企業開発センター　KKCネクスト出版
〒541-0052 大阪市中央区安土町1-8-6 大永ビル　TEL 06-6264-1660
〒160-0004 東京都新宿区四谷4-32-8 YKBサニービル　TEL 03-3341-4915
発売所　株式会社 星雲社（共同出版社・流通責任出版社）
〒112-0005 東京都文京区水道1-3-30　TEL 03-3868-3275
印刷所　株式会社 因州屋 出版事業本部

ISBN978-4-434-30900-7　C0014
（定価はカバーに表示してあります）